Karibu

Lesebuch 1/2

erarbeitet von
Katharina Berg, Astrid Eichmeyer, Gerburg Kirsch,
Claudia Stiebritz, Monika Wilhelmi-Zäh

westermann

Inhaltsverzeichnis

Tafelschwamm und Pausenspiel   4

Gemüsebeißer und Sportskanonen   16

Wetterfrösche und Waldläufer   28

Bastelspaß und Technikwunder   40

Familienband und Freundeskreis   52

Traumzeit und Abenteuerheld   64

Wüstenschiff und Wollmilchsau 76

Lesemops und Bücherwurm 88

Freizeitspaß und Zeitvertreib 100

Computermäuse und Funkhühner 112

Weltenbummler und
Reiseabenteurer 124

Schneemänner und Sandburgen 136

Die Lesebuch-Reise
mit Tipps und Tricks 164

Anhang 170

= diese Texte sind lauttreu

Tafelschwamm und Pausenspiel

Karis Regeln in der Klasse

1. Ich darf schleichen, schweben und flüstern. Krach machen wir nicht.
2. Ich bin höflich zu meinen Klassenkameraden und lache sie nicht aus.
3. Pausen sind schön. Ich esse meine Kraftpillen und trinke Ausdauersaft.
4.

Karis Stundenplan

Lernzeit 1	Lernzeit 2
Naturkunde: Sonnenblumen und Eisblüten	Schreiben: aus Zeichen Wörter kleben
Raumschiffe bauen: Bauplan lesen	Übungen für das Gehirn: Ufos erkennen und unterscheiden
Übungen für den Körper: schleichen, krabbeln und rollen	Lesen: Kursbuch Weltraum: Nebel und schwarze Löcher
Schreiben: Zeichen malen und ausschneiden	Planetenkunde: die Ringe des Saturn

Karis Regeln auf dem Schulhof

1. Ich darf rennen und herumtoben, schreien, kreischen und grölen.

2. Wir machen Ufo-Hüpfen um die Wette. Ich darf aber nicht über den Zaun hopsen.

3. Manchmal bekomme ich leider Krach mit jemandem. Da sage ich STOP und wir hören auf und einigen uns.

4.

Lernzeit 3	Lernzeit 4
Lesen: Kursbuch Weltraum: Fremde Welten	Planetenkunde: das Leben auf dem Mars
Naturkunde: Weltraumwanzen 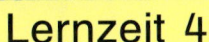	Übungen für den Körper: gleiten, schweben und sicher landen
Raumschiffe bauen: Teile zuschneiden und zusammenfügen	Schreiben: Wörterketten aufschreiben
Malen und Zeichnen: Kringel und Schleifen	Raumschiffe bauen: mit Farbe bepinseln

Abzählverse

Ele mele mink mank,
pink pank.
Une duse ackadeia,
eia weia weg.

Ene wene winne wonne,
wie, wo, weg!

Ene mene Miste,
es rappelt in der Kiste.
Ene mene meg,
und du bist weg!

Ene mene Hundekuchen,
wer von euch soll jetzt mal suchen?
Ene mene Mausedreck
und da bist du auch schon weg.

Kaiser, wie viele Schritte schenkst du mir?

So geht das Spiel:
Ein Kind ist der Kaiser und
steht mit dem Gesicht zur Wand.
Er hält sich die Augen zu.
Die Kinder fragen den Kaiser einzeln:
Kaiser, wie viele Schritte schenkst du mir?

Der Kaiser sucht sich ein Tier aus
und antwortet zum Beispiel:
Sechs Elefantenschritte!

Bei einem anderen Kind antwortet er:
4 Hühnertapser

Das fragende Kind sagt:
Darf ich kommen?

Bei Verneinung durch den Kaiser bleibt es stehen.
Bei Bejahung darf es die Schritte gehen.

Sieger ist, wer zuerst beim Kaiser ankommt.

Der Weg zur Schule

Im Winter, wenn es frieret,
im Winter, wenn es schneit,
dann ist der Weg zur Schule
fürwahr noch mal so weit.

Und wenn der Kuckuck rufet,
dann ist der Frühling da,
dann ist der Weg zur Schule
fürwahr noch mal so nah.

Wer aber gerne lernet,
dem ist kein Weg zu fern.
Im Frühling wie im Winter
geh ich zur Schule gern.

August Heinrich Hoffmann von Fallersleben

Dein Schulweg

Dein Schulweg
ist schöner als meiner.

Der kleine Umweg
macht mir nichts aus.

Wenn du morgen
auf mich wartest,
gehe ich mit dir.

Manfred Mai

Von einem, der Ruhe will, aber selber Krach macht

Der Herr Knotenbach ist Hausmeister in Lolles Schule.
Und er kann es nicht leiden,
wenn die Kinder in der Pause so laut toben.
Lolle hat Lisa und Gesine vorgemacht,
5 wie der Herr Knotenbach immer über den Schulhof schimpft:

Ruhe im Karton!
Aufhören mit dem Krach!
Jetzt seid aber mal still!
Keinen Mucks will ich mehr hören!
10 Lasst den Lärm!
Haltet den Schnabel!
Nicht einen Ton mehr!
Gebt endlich Ruhe!
Schweigt mal eine Weile!
15 Schluss mit dem Remmidemmi!
Seid leise, ihr alten Radautüten!

Aber der Herr Knotenbach kann schimpfen,
so viel er will.
Krach ist trotzdem immer auf dem Schulhof.

Christa Zeuch

Mein Freund Max

Mein Freund Max
ist meist in der Schule ein Tropf.
Aber täusch dich nicht, eins lass dir sagen:
er hat eine Menge im Kopf.

Mein Freund Max
kann mit Fahrrädern so allerlei.
Er zerlegt sie und baut sie zusammen,
als sei überhaupt nichts dabei.

Mein Freund Max
hat ein Haus für Tauben gemacht,
aus Brettern und Latten im Schuppen,
das hat er sich selbst ausgedacht.

Mein Freund Max
ist meist in der Schule ein Tropf.
Was er weiß, lernt man nicht in der Schule.
Er hat eine Menge im Kopf.

Pat Moon

Freund gesucht

Micha und Anna sind neu an der Schule.
Manchmal treffen sie sich auf dem Schulweg.
„Gefällt es dir in deiner Klasse?", fragt Anna.
„Ganz gut", sagt Micha. „Und dir?"
5 „Auch ganz gut. Bloß …"
„Bloß was?"
„Alle andern haben Freunde. Bloß ich habe niemanden."
„So ähnlich geht's mir auch", sagt Micha.
„Mama sagt, einen Freund muss man sich suchen.
10 Wir können ja gemeinsam suchen", schlägt Anna vor.

Das tun sie eine Woche lang.
Aber sie finden keinen Freund für Micha
und keinen Freund für Anna. Plötzlich lacht Anna.
„Ich glaub, ich hab einen Freund gefunden." Micha ist traurig.
15 „Muss ich jetzt allein weitersuchen?", fragt er.
„Ach Quatsch!", sagt Anna.
„Wenn ich einen Freund hab, dann hast du auch einen.
Falls es nichts ausmacht, dass es eine Freundin ist!"
Jetzt kapiert auch Micha:
20 Da haben sie überall nach etwas gesucht,
was sie längst hatten!

Ursel Scheffler

Für Simone

Ich heiße Simone.
Man nennt mich Zitrone.
Ich mache ein saures Gesicht.
Sie rufen: Simone, du doofe Zitrone!
Ich mag so etwas nicht.

Ich heiße Simone.
Man nennt mich Zitrone.
Ich weine am Abend im Bett.
Sie sagen: Simone, hau ab, du Zitrone!
Das find ich einfach nicht nett.

Ich heiße Simone.
Man nennt mich Zitrone.
Das finde ich einfach gemein.
Sie sagen: Simone, Zitrone, Zitrone!
Denn das ist ein Reim.

Ich heiße Simone.
Man nennt mich Zitrone.
Ich wollte, ich hieße Marie.
Denn hieß ich Marie, dann würd sich nichts reimen.
Dann wär ich genauso wie sie.

Jutta Richter

Pechtag

Es klingelt zur Pause. „Na endlich!", denkt Alina.

Jetzt kann sie ihre Trinkflasche rausholen.

„Neu?", fragt Rieke.

Alina nickt stolz. Die Flasche leuchtet wie ein Regenbogen.

5 Jan und Ahmed schauen schon ganz neidisch herüber.

„Tolles Teil", meint Ahmed. „Trink mal draus", sagt Jan.

Alina nickt. Plötzlich scheinen alle zu ihr hinzusehen.

Alinas Hände beginnen zu zittern. Zu blöd!

Trinken ist doch nicht schwer!

10 Alina setzt die Flasche an. Aber die Brause kribbelt viel mehr

als sonst. Alina verschluckt sich. Sie hustet und würgt.

Tränen schießen ihr in die Augen.

Rieke klopft Alina auf den Rücken. „Besser?", fragt sie.

Alina nickt. Sie möchte am liebsten im Erdboden versinken.

15 Einige Kinder kichern.

Und Paul meint spöttisch: „Kleiner Tipp, Alina:

Versuch es doch nächstes Mal mit einem Baby-Fläschchen!"

Jetzt lachen alle. Paul grinst zufrieden

und kippelt lässig mit seinem Stuhl. Doch plötzlich

20 kippt er nach hinten. – Rumms!

Paul landet auf dem Boden. Wie peinlich!

Verlegen rappelt er sich wieder hoch.

Jetzt grinst Alina. „Heute ist nicht

unser Tag, was?", ruft sie zu Paul.

25 Und dann müssen sie lachen.

Alle beide.

Katja Reider

Gemüsebeißer und Sportskanonen

Ich esse gerne Nudeln.

Ich esse am liebsten Kebab.

Ich esse besonders gerne Eis.

Ich esse niemals Schweinefleisch.

In der blauen Suppentasse
blubbert eine rote Masse.
Kari meint: „Das ist doch klasse,
weil ich grüne Suppen hasse."

Ich bin Hiro und wohne in Tokio.
In der Schule gibt es
zu Mittag immer eine Suppe und Reis,
dazu Fisch oder Fleisch.
Aber ich esse am liebsten Hamburger.

Ich bin Inga aus Norwegen
und esse gerne Rentierfleisch,
am liebsten mit Kartoffelbrei.

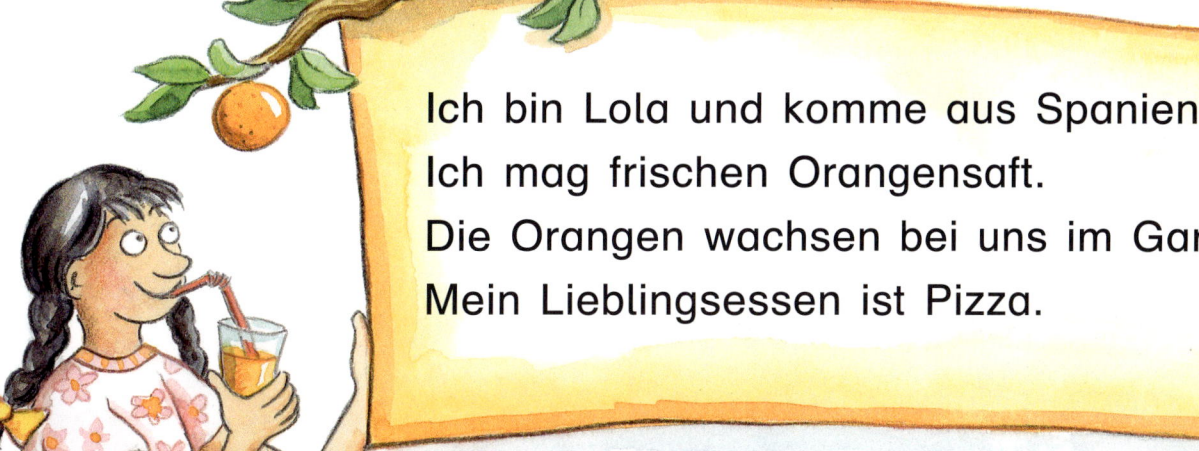

Ich bin Lola und komme aus Spanien.
Ich mag frischen Orangensaft.
Die Orangen wachsen bei uns im Garten.
Mein Lieblingsessen ist Pizza.

Banane – Banone – Kanone

Gemüse – Getüse – Getöse

Rosine – Rusine – Kusine

Salami – Salomi – Salome

Kartoffel – Partoffel – Pantoffel

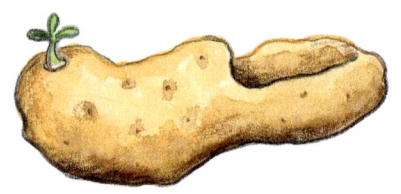

Limone – Kimone – Kimono

Früchte-Teller

Auf einem Früchte-Teller findet Peter
Ananas und Aprikosen, Bananen und Kiwis.
In der Nacht kommen zwei kleine Ratten
und fressen etwas.

5 Am Morgen staunen Peter und seine Mutter.
Auf dem Teller befinden sich
Ana und Aprisen, Banen und Ki.
Was ist das? Wo ist der Rest?
Im Magen der kleinen Ratten!

10 In der Nacht huschen drei kleine Ratten
zum Teller und fressen etwas.
Am Morgen schaut Peter nach und findet
Nas und Asen und Ba.
Was ist das? Wo ist der Rest?
15 Im Magen der kleinen Ratten!

Da haben Peter und seine Mutter
den Rest rasch aufgegessen.

Katharina Berg

Garfield und der Bumerang

Der kleine Muskelkater

Ein Kater, er war stark und kräftig,
trainierte seine Muskeln heftig.

Tagein, tagaus trieb er viel Sport
und plagte sich in einem fort.

Die Hanteln hob er: sapperlot!
Auch Liegestütze gingen flott.

Mal sprang er hoch, mal sprang er weit,
mal lief er Höchstgeschwindigkeit.

Drum nannte ihn sein lieber Vater,
schon als er klein war, Muskelkater.

Michael Schober

Bumerang

War einmal ein Bumerang;
war ein Weniges zu lang.
Bumerang flog ein Stück,
aber kam nicht mehr zurück.
Publikum noch stundenlang
wartete auf Bumerang.

Joachim Ringelnatz

Kalle

Jochen fährt mit seinem Fahrrad zum Bolzplatz.
Die Wiese mit den beiden Toren
liegt neben dem Freibad.
Irgendwer ist da immer,
5 um Fußball oder Handball zu spielen.
Schon von Weitem sieht Jochen,
dass Tönne und Martin aus seiner Klasse
Elfmeterschießen üben.
Den Torwart kennt er nicht.
10 Jochen stellt sein Fahrrad an den Zaun
und fragt, ob er mitmachen kann.
„Klar", sagt Martin.
Er schießt Jochen den Ball zu.
Jochen nimmt Anlauf und zielt aufs Tor.
15 Ein guter Schuss!
Der Torwart wirft sich dem Ball entgegen,
fängt ihn und fällt mit ihm in den Dreck.
Jochen geht zu ihm.
Er will sofort wissen,
20 wer dieser Supertorwart ist.
Der setzt sich auf den Ball
und mustert ihn neugierig.

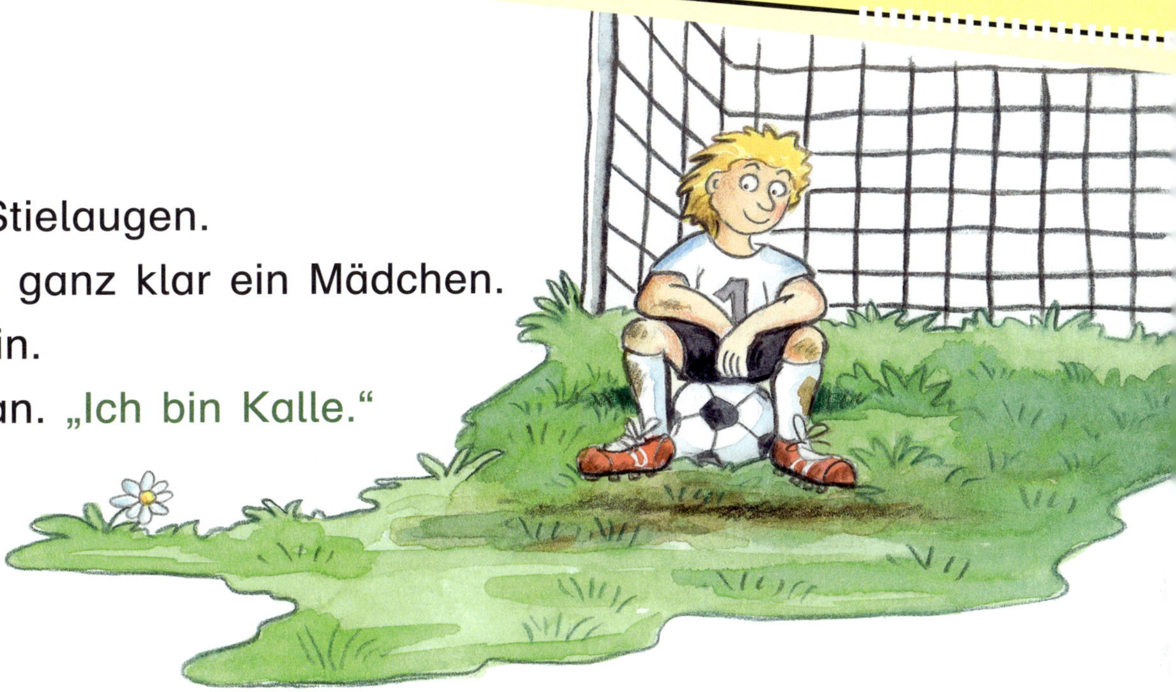

Jochen kriegt Stielaugen.
Der Torwart ist ganz klar ein Mädchen.
25 Eine Torwärterin.
Sie grinst ihn an. „Ich bin Kalle."

Anne Steinwart

Der Ball

Ist der Ball guter Laune,
dann springt er

        und springt
     und springt

und springt

und springt

und springt
und nichts kann ihn halten.

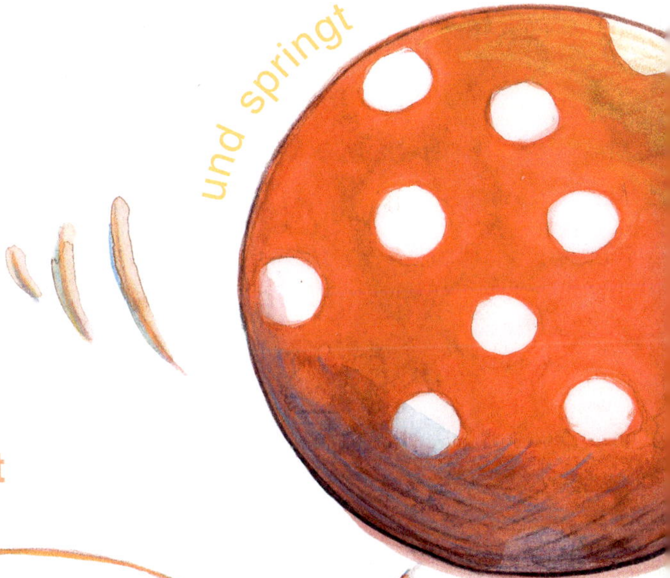

Ludwig Jerzy Kern

Guten Appetit

Die Energie die wir brauchen, damit wir denken,
sprechen und uns bewegen können,
nehmen wir mit der Nahrung auf.
Wenn wir zu wenig Nahrung aufnehmen,
5 sendet unser Körper eindeutige Signale.
Dann bekommen wir nämlich Hunger oder Durst.
Was wir essen, wenn wir Hunger haben,
ist unterschiedlich.
Manche mögen Schokolade, Eiscreme und Ketschup,
10 andere essen lieber Müsli, frisches Obst und Salat.

Menschen, die ursprünglich
aus anderen Ländern kommen
und heute bei uns leben,
haben ihre Lieblingsspeisen mitgebracht.
15 Dadurch ist unser Speiseplan
vielfältiger und bunter geworden.

Nicht alle Lebensmittel,
die wir kennen und gerne essen,
werden auch bei uns angebaut.
20 Reis kommt zum Beispiel aus Asien,
Orangen werden aus Israel und Spanien
zu uns gebracht und Kiwis
aus Neuseeland und Italien.
Den meisten Leuten ist es allerdings egal,
25 woher ihr Obst kommt.
Hauptsache, es schmeckt!

Der Kinderduden

Zaziki

Zaziki kommt ursprünglich
aus Griechenland.
Dort wird es aus Sahnejogurt
und mit viel Knoblauch hergestellt.

Du brauchst
- eine frische Salatgurke
- zwei Esslöffel Olivenöl
- Salz
- gemahlener Pfeffer
- zwei Knoblauchzehen
- zwei Becher Vollmilchjogurt

1. Schäle die Salatgurke
   und raspele sie auf einer Reibe in kleine Streifen.

2. Bestreue sie mit Salz
   und lass sie in einem Sieb zehn Minuten ziehen.

3. Drücke dann vorsichtig das Wasser heraus.
   Gib die Gurkenmasse in eine Schüssel.

4. Füge den Jogurt und das Olivenöl hinzu.

5. Zerdrücke die geschälten Knoblauchzehen
   mit einer Knoblauchpresse
   und gib sie auch in die Schüssel.

6. Mahle Pfeffer frisch und streue ihn über die Zutaten.

7. Nun rühre alles gut um
   und vermische die Zutaten gründlich.

Lass dein Zaziki etwas ziehen,
dann schmeckt es noch besser.

Guten Appetit!

Wozu denn einen Helm?

Murat und sein Papa sind im Fahrradgeschäft.
Papa möchte eine Probefahrt machen
und wählt ein Fahrrad aus.
Murat wartet inzwischen auf ihn.

5 Der Verkäufer stellt die Sattelhöhe ein
und reicht Papa einen Helm.
„Was soll ich denn damit?", fragt Papa.
„Ich brauche keinen Helm.
Ich bin seit zwanzig Jahren
10 nicht mehr vom Fahrrad gefallen."
„Für den Fall der Fälle", sagt der Verkäufer.
Er setzt Papa den Helm auf
und macht den Verschluss zu.
Papa lässt es sich gefallen.
15 Dann schwingt er sich aufs Rad,
um eine Runde zu drehen.
Murat geht zum Mechaniker in die Werkstatt.
Papa lässt auf sich warten.
Gelangweilt schlendert Murat durch den Laden.
20 Allmählich findet er es seltsam,
dass Papa so lange wegbleibt.
Der Verkäufer scheint Murats Gedanken zu lesen.
„Dein Papa kommt bestimmt gleich wieder",
sagt er aufmunternd.
25 Es dauert allerdings noch eine weitere Viertelstunde,
bis die Ladentür aufgeht.

Papa trägt das Fahrrad über der Schulter.
Die vordere Felge ist ein Ei,
die Gabel ist krumm, der Lenker verkratzt.
30 Der Helm hat eine dicke Macke.
„Papa!", ruft Murat erschrocken.
„Keine Panik. Ich bin in Ordnung",
sagt Papa zu Murat.
Er wendet sich an den Verkäufer:
35 „Tut mir leid um das Fahrrad.
Es war allerdings nicht meine Schuld."
Ein Auto ist zu schnell aus einer Hofeinfahrt gekommen.
Der Fahrer hat Papa übersehen und angefahren.
Papa ist über den Lenker gesegelt
40 und mit dem Kopf gegen einen Laternenpfahl geprallt.
Die Polizei hat den Unfall aufgenommen.
„Aha, sehr gut", sagt der Verkäufer.
„Dann geht ja alles seinen Gang.
Hat Ihnen das Fahrrad wenigstens zugesagt?"
45 Papa wiegt nachdenklich den Kopf.
„Das kann ich Ihnen gar nicht sagen.
Im Moment muss ich erst einmal den Sturz verdauen.
Aber–", Papa deutet auf den kaputten Helm,
„so einen werde ich mir auf alle Fälle zulegen."

Werner Färber

Regenkanon

Wir denken nicht daran,
uns einen Schirm zu kaufen.

Wir haben Spaß daran,
im Regen rumzulaufen.

Dann sind wir eben klatschnass!
Dann sind wir eben klatschnass!

Ulrike und Bernd Meyerholz

Schmetterlinge

Was spielen Schmetterlinge im Regen?
Flügel zu – und nicht bewegen!

Heinz Janisch

Rate mal!

1. An einem kalten Wintermorgen
finden wir so etwas an Regenrinnen.
Es ist eiskalt und glasklar.
Wir können fast hindurchsehen.
Es hat eine schmale, lange Form
und ist aus Wasser.

2. Auf einmal ist es da.
Schleicht sich heran, leise, leise.
Wir können es nicht hören.
Es windet sich um jedes Haus,
breitet sich im Garten aus, grau und kalt.
Nichts können wir deutlich sehen.
Wir können es auch nicht greifen oder festhalten.

Katharina Berg

Regenschauer

Leise, leise, kein Lufthauch ist zu hören.
Graue Wolken ballen sich dunkel am Himmel.
Auf einmal platscht ein Tropfen auf meine Nase.
Kalt und frisch und frech.
5 Gleich bricht das Unwetter los.
Erst plitscht und platscht es.
Nun braust und rauscht es.
Tropfen klatschen auf den Boden,
trommeln an Fensterscheiben,
10 prasseln auf den Rasen.
Es gurgelt, pladdert, brodelt, tost.
Graue Regenschleier fegen ums Haus
und es rauscht und flutet herunter.
Doch nach einer Weile haben die Wolken
15 alle Regentropfen fallen lassen.
Sie werden leicht und leichter,
schweben empor und lösen sich auf.
Blauer Himmel schaut hervor,
und alles leuchtet frisch gewaschen.

Katharina Berg

Bauernregeln

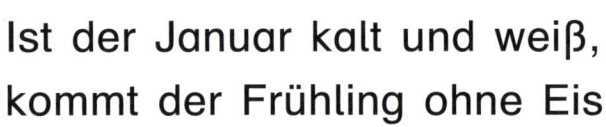

Ist der Januar kalt und weiß,
kommt der Frühling ohne Eis.

April, April,
der macht was er will.

Wenn kalt und nass der Juni war,
verdirbt er meist das ganze Jahr.

Septemberwetter warm und klar,
verheißt ein gutes nächstes Jahr.

Bringt der November Sonnenschein,
tritt ein kalter Winter ein.

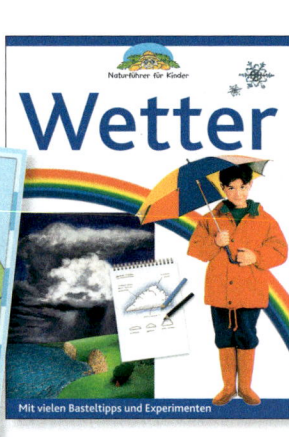

Bücher übers Wetter

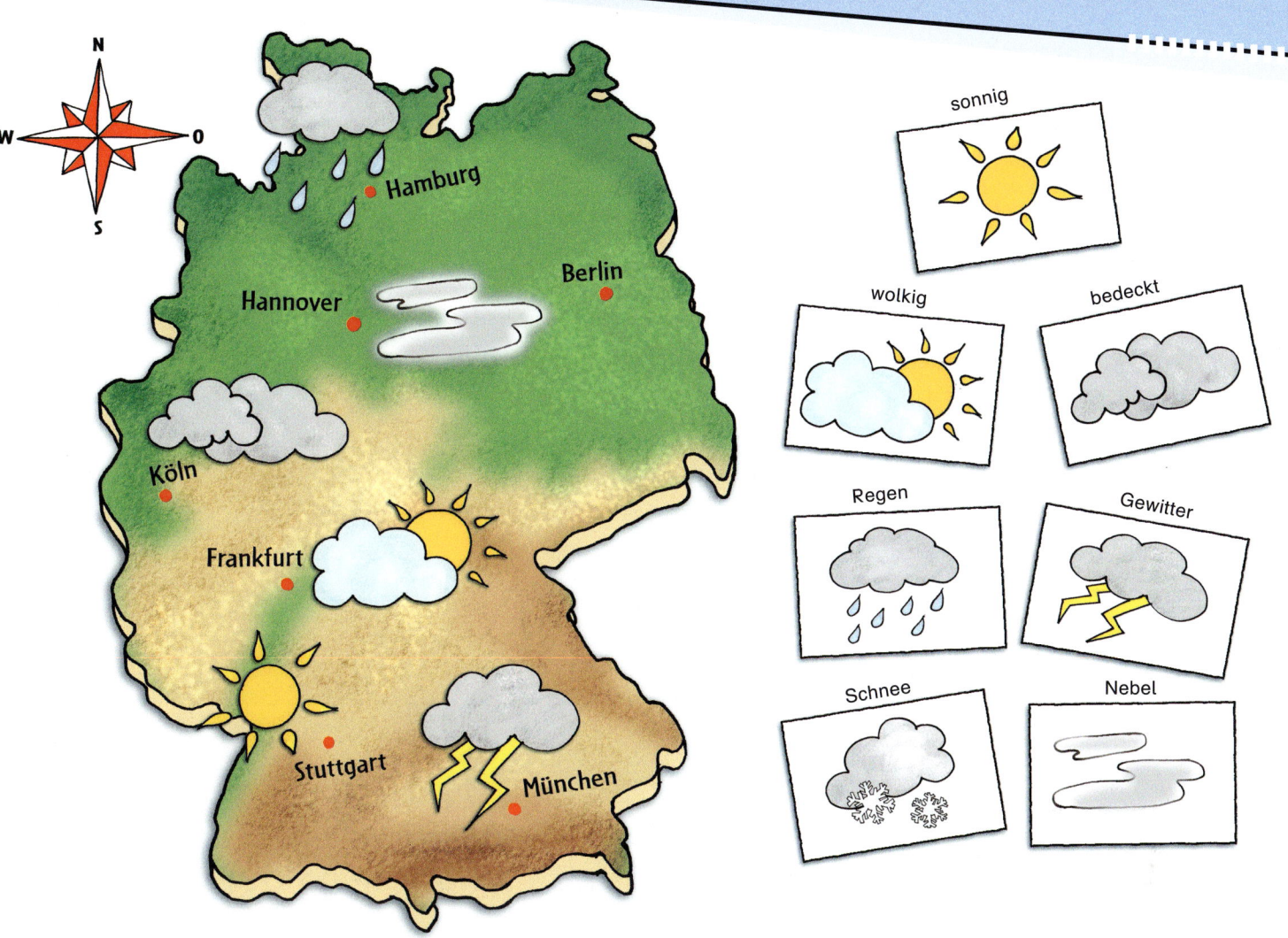

Vorhersage

Der löst sich am Morgen auf.

Tagsüber ist es abwechselnd ☀ und 🌤.

Es bleibt aber trocken.

Die höchste Temperatur liegt am Tag um 16 Grad.

In der Nacht werden es nur 6 Grad.

Morgen ist es meist ☁ und es gibt vereinzelt 🌧.

Im Süden kann es in manchen Teilen auch ⛈ geben.

Ein orangenes Tier

Ida geht im Wald spazieren.

Mit Oma und Bor. Bor ist Idas Hund.

Er kommt immer mit, wenn sie bei Oma schläft.

„Was für ein hübscher Weg!" Ida läuft voraus.

5 Bor rennt hinter ihr her,

die Nase dicht über dem Boden.

Plötzlich bleiben sie beide stocksteif stehen.

Ein orangener Kopf kommt aus dem Gebüsch.

Ein spitzer, orangener Kopf. Genau vor ihnen.

10 Oma sieht es auch.

„Ein Fuchs", flüstert sie. „Nicht bewegen."

Der kleine Fuchs hält sich ganz still.

Nicht bewegen!, denkt er.

Ein Mädchen, ein Hund

15 und eine große Frau. Auf meinem Weg.

Ida betrachtet den orangenen Kopf.

Der liegt flach auf der Erde.

Er hat zwei helle Augen.

Ida hat noch nie solche Augen gesehen,

eiskalt und glühend zugleich.

Na so was, denkt der kleine Fuchs.
Das ist doch mein Weg.
Ida tastet nach Omas Hand.
Der Fuchs erschrickt.
25 In seinen Augen blitzt etwas auf,
ein Lichtstrahl, der über das Eis gleitet.
Bor fiept. Er lässt sich fallen,
seine Ohren zittern.
Verschwindet, denkt der kleine Fuchs.
30 Ich will auf die andere Seite,
zu den Sträuchern da drüben.
Aber ich trau mich nicht.
Er zieht die Lippe hoch.
Ida macht einen Schritt zurück.
35 Der Fuchs zieht die Pfoten zusammen.
Gut so, Mädchen!
Jetzt noch einen Schritt, und noch einen.
Er schiebt sich ein Stück nach vorn.
Brrr! Bor springt auf.
40 Wuppsch ... weg ist der Fuchs.

Carli Biessels

Was Ida noch alles erlebt,
erfährst du im Buch
„Ida und die Tiere"
von Carli Biessels.

Eine Baumscheibe erzählt

Die Bäume gehören zu den größten Pflanzen auf der Erde.
Ein gesunder Baum kann mehrere hundert Jahre alt werden.
Er wird damit älter als alle anderen Lebewesen,
die es auf der Erde gibt.

5 Wird ein Baum gefällt, dann kann man an der Baumscheibe
die Jahresringe erkennen. Diese Ringe können viel
über das Leben des Baumes erzählen
und verraten auch sein Alter.

Jahr für Jahr wächst ein Baum und bildet
10 direkt unter der Rinde einen neuen Ring Holz.
Im Frühjahr wächst das Holz schneller
und es entsteht eine helle Schicht.
Im Sommer und Herbst wächst der Baum
dann etwas langsamer und hinterlässt
15 eine dünnere und dunklere Schicht.
Beide Schichten zusammen bilden
einen Jahresring. An der Anzahl
der Jahresringe kann man ablesen,
wie alt der Baum ist.

Das Waldhaus

Wir liegen im Waldhaus in tiefer Nacht.
Da naht ein Trappeln.
Erwacht! Erwacht!

Vorm Fenster stehen die Wölfe
und heulen, alle zwölfe.

Noch zwanzig kommen dazu
und helfen heulen. Hu!

Jetzt sind es zweiunddreißig.
Wir zittern und bibbern fleißig.

Nun bringen wir denen das Bibbern bei.
Wir brüllen wie Löwen – eins, zwei, drei!

Die Wölfe fliehn in die Ferne.
Weg sind sie. Das haben wir gerne.

Im Waldhaus ist es wieder still.
Nur der Wind pfeift noch, bald leis, bald schrill.

Josef Guggenmos

Anna fährt ans Meer

Jeden Sommer machen Mama und Papa und Anna eine Reise.
Sie reisen in ihrem Wohnmobil.
Das ist ein Haus, das fährt. Es fährt dahin,
wo es schön ist. Dort bleibt es stehen.
5 Am Meer ist es zum Beispiel schön.
Das Wohnmobil fährt am liebsten ans Meer.
Anna fährt auch am liebsten ans Meer.
Letztes Jahr war es herrlich.
Dieses Jahr wird es genauso schön.
10 Am Strand kann man Sandburgen bauen.
Wer Glück hat, findet einen Seestern.
Ein Seestern kann als Wächter ganz oben
auf dem Burgturm sitzen.
Die Leuchttürme haben rote und weiße Streifen.
15 Sie warnen alle Schiffe vor der Sandbank.

Letztes Jahr war alles schön.

Und am allerbesten war Lara.

Lara war mit ihren Eltern auch auf dem Campingplatz.

Lara und Anna haben jeden Tag miteinander gespielt.

20 Anna hat am Strand Schätze vergraben.

Die konnte Lara suchen.

Sie haben zusammen Muschelketten gebastelt

und die Möwen gefüttert.

Wenn es geregnet hat, haben sie Matschburgen gebaut.

25 Oder sie sind wie zwei Damen mit Schirmen herumspaziert.

Es hat fast jeden Tag geregnet.

Die Zeit ist viel zu schnell vergangen.

Bettina Obrecht

Bastelspaß und Technikwunder

Wie kann man übers Wasser laufen?

Wie kann man übers Wasser laufen,
ohne sofort abzusaufen?
So:
Nimm Primelfett und Puddingkraut,
5 zwei Kilo feinste Fliegenhaut,
drei Liter Gold und Himbeertran,
ein Walfischhaar und einen Zahn
von einer Hummel und tu das
zusammen in ein Silberglas.
10 Das Ganze lass nun fünf, sechs Wochen
auf kleingestellter Flamme kochen,
wobei man ständig schreien muss.
Sodann gieß alles in den Fluss,
den Bach, den Tümpel oder Teich,
15 auf dem du gehen willst, und sogleich
trägt dich das Wasser wie ein Brett.
So weit so gut. Ach ja, ich hätt'
fast ganz vergessen, zu betonen,
dass all die Mühen sich kaum lohnen,
20 wenn man zum Beispiel schwimmen kann.
Du kannst nicht schwimmen? Dann mal ran!

Robert Gernhardt

Telefongespräch

Martin:	Hallo Susanne!
Susanne:	Was? Ich bin nicht Anne. Wer ist dran?
Martin:	Welcher Schwan? Es rauscht so. Ich höre dich so schlecht.
Susanne:	Wo habe ich recht? Was meinst du eigentlich? Hat das Telefon ein kaputtes Kabel?

Martin:	Ich halte nicht den Schnabel! Warum bist du so gemein?
Susanne:	Nein, ich bin nicht allein. Meine Eltern sind im Arbeitszimmer.
Martin:	Ach was, ich habe keinen Schimmer, wohin wir in den Ferien reisen. Ich frage mal meine Mutter.
Susanne:	O je, meine Kaninchen brauchen Futter. Danke für den Hinweis.

Martin: Reis, Gleis? Ich begreife gar nichts.
                   Bei mir ist nur ein Knistern und
                   Rauschen zu hören.
                   Ich lege auf.

Susanne: Hallo? Hallo? Keiner da!
                   Das war aber ein blödes Geplapper.
                   Mit wem habe ich da nur geredet?
                   Ich rufe gleich Martin an.
                   Das möchte ich dem sofort berichten.

Katharina Berg

So war es früher

In alten Zeiten brachten reitende Boten
wichtige Nachrichten in kurzer Zeit
an weit entfernte Orte.
Andere Botschaften wurden
mit der Postkutsche weitergeleitet.
Es dauerte aber manchmal einige Wochen,
bis das Schreiben ankam.

Fingerabdrücke

Unsere Finger haben Linien.
Die heißen Hautleisten.
Sie helfen uns beim Festhalten von Dingen.
Wenn wir etwas angefasst haben,
5 bleiben Spuren darauf zurück.
Diese Spuren sind die Fingerabdrücke.

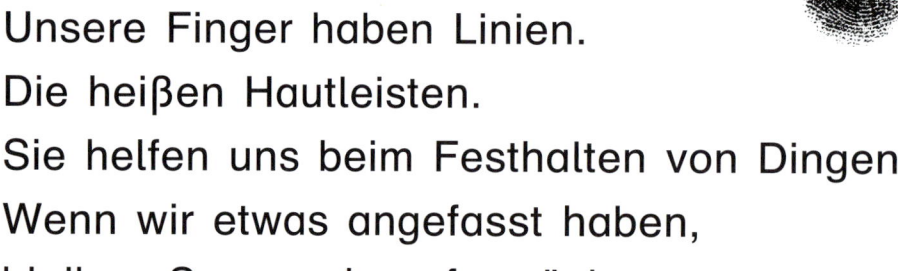

Das Bild der Fingerabdrücke
ist bei jedem Menschen anders.
Niemand auf der Welt
10 hat die gleichen Fingerabdrücke wie du.
Fingerabdrücke sehen wie Wirbel,
Schleifen oder Bögen aus.

Übrigens haben auch
deine Zehen Hautleisten.
15 Wir rutschen deshalb
nicht so leicht aus.
Schau doch mal nach.

Fingerabdrücke abnehmen und sichern

Am Tatort liegt eine Flasche.
Vielleicht hat der Täter sie angefasst?

Der Polizist sucht Spuren von Fingern
auf der Flasche.
Er trägt Handschuhe.

Handschuhe

Er tupft mit dem Pinsel
Pulver auf die Flasche.
Nun kann er einen Fingerabdruck sehen.

Pinsel
Pulver

Jetzt nimmt er ein durchsichtiges Papier.
Es ist eine Folie.
Er legt die Folie auf den Abdruck.

Folie

Dann nimmt er die Folie wieder ab
und legt sie auf eine Spurenkarte.

Spurenkarte

Der Fingerabdruck bildet sich
auf der Karte ab.
Mit einer Lupe kann der Polizist
den Fingerabdruck untersuchen.

Lupe

Einsatz für Detektivin Paula

Es ist Mittwochmorgen, kurz vor acht.
Paula und Sine sind auf dem Weg zur Schule.
Tatütata! In der Ferne hört man die Sirene eines Polizeiautos.
Als die beiden bei der Schule um die Ecke biegen,
5 parkt der Polizeiwagen im Hofeingang.
Daneben steht Philipp, der Sohn des Hausmeisters.
Er geht auch in Paulas Klasse. Aufgeregt rennt er jetzt
auf die beiden Mädchen zu und ruft: „Heute Nacht
ist eingebrochen worden! Die Computer sind weg."

10 Am Tatort ist die Polizei schon dabei, die Spuren zu sichern.
In einer Fensterscheibe im Erdgeschoss
ist ein faustgroßes Loch. „Durch das Loch haben
die Diebe den Fenstergriff geöffnet", sagt Paula zu Sine.
Neugierig beobachten die beiden aus der Ferne,
15 wie ein Polizist mit einem Pinsel silbernes Pulver
auf die Scheibe aufträgt.
Jetzt kommt Kommissar Hansen.
Das ist der junge Polizist, der an der Schule
den Verkehrsunterricht gibt.
20 Er bleibt bei den beiden Mädchen stehen
und erklärt ihnen, was sein Kollege macht.
„Seht ihr den durchsichtigen Klebestreifen?
Mit dem sichert er jetzt die Fingerabdrücke.
Auf dem Revier werden sie dann
25 in den Computer eingescannt und gespeichert.
Später können wir sie jederzeit
mit den Fingerabdrücken von Verdächtigen vergleichen."

In der großen Pause entdeckt Paula zwischen den Büschen
neben dem Parkplatz verdächtige Fußspuren.

30 „Turnschuhe! Das sieht man am Profil", murmelt sie.
„Was ist an Turnschuhen verdächtig?", fragt Sine.
„Die Abdrücke weisen in Richtung Computerraum.
Auf dem Hinweg sind sie flach. Auf dem Rückweg
sind sie tief. Kombiniere: Da hat der Täter

35 einen der Computer zum Auto geschleppt ..."
„Gut kombiniert!", lobt Kommissar Hansen die Detektiv-Paula.
„Wir werden die Fußspuren sichern."
„Und wie geht das?", fragt Paula.
„Ganz einfach: Wir sprühen sie mit Haarspray ein,

40 damit die Oberfläche fest wird.
Und dann gießen wir sie mit Silikon aus."
„Na so was, mit Haarspray", wundert sich Sine.
„Ich dachte, das macht man mit Gips?"
„Das war früher mal", sagt Kommissar Hansen und lacht.

45 Jetzt klingelt die Schulglocke wieder. „Schade", murmelt Paula.
Sie hätte gern noch länger Detektivin gespielt.

Wochenlang findet die Polizei von den Einbrechern keine Spur.
Aber dann hat sie doch noch Glück und schnappt die Täter.
Kommissar Hansen erzählt es in der Schule:

50 „Sie wollten ihre Beute im Internet verkaufen."
Und dann sagt er zu Paula:
„Die Fußspur, die du gefunden hast, war übrigens der letzte Beweis:
Sie passt genau zu den Turnschuhen des Täters. Er gehört zu einer Bande,
die schon viele Einbrüche in Schulen verübt hat."

55 „Unsere Paula – eine echte Detektivin!", sagt Philipps Papa.
„Das müssen wir feiern!"

Ursel Scheffler

Eine leckere Erfindung

Kaust du gern?
Alle Menschen kauen gern.
Man fühlt sich gut dabei.
Es gibt dafür den Kaugummi.
5 Wer hat den Kaugummi erfunden?
Ein Mann hieß Thomas Adams.

Thomas Adams hatte in Mexiko gesehen,
dass die Menschen dort Chicle lutschten.
Das ist der Saft vom Breiapfelbaum.
10 Thomas Adams wollte den Saft fester haben,
damit man ihn kauen kann.
Er kochte den Saft vom Breiapfelbaum zusammen mit Zucker.
Wenn man die beiden Zutaten länger kocht, wird der Brei dick.

Man kann von dem dicken Brei Stücke abschneiden.
15 Es sind jetzt weiche Bonbons. Mit dem Kochen
von Chicle und der Zutat Zucker hat Thomas Adams
den Kaugummi erfunden. Das war 1869.

Viele weitere Erfinder
haben an dem Kaugummi weiter gebastelt.
20 Wir können auch sagen:
Sie haben den Kaugummi weiter gekocht.
Auch beim Kochen kann man etwas erfinden.
Frag mal zu Hause,
ob dein Vater oder deine Mutter beim Kochen,
25 Braten oder Backen schon etwas erfunden haben.

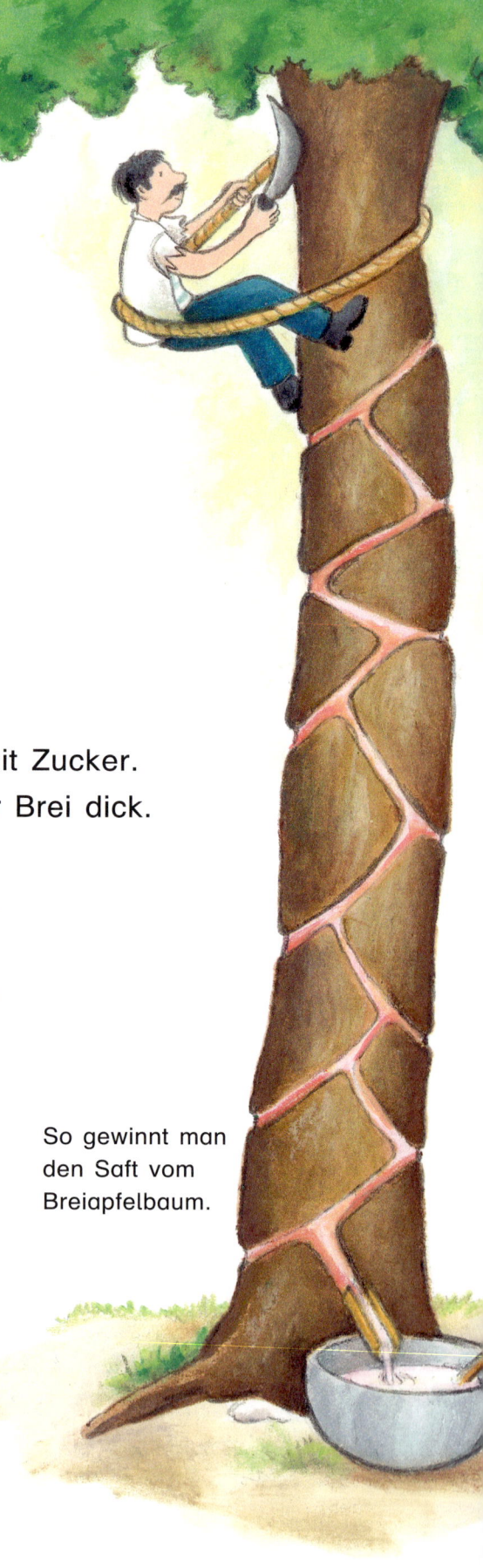

So gewinnt man den Saft vom Breiapfelbaum.

Wusstest du schon?

Die größte Kaugummiblase,
die je gemessen wurde,
ist ungefähr 60 cm lang.
Also ungefähr so breit wie dein Schreibtisch.
5 Eine Frau aus den USA hält diesen Rekord.

Kaugummis sind schrecklich klebrig,
wenn sie auf dem Boden landen.
Ein Kaugummi auf der Straße
bereitet viel Ärger.
10 Irische Forscher haben deswegen vor,
einen Kaugummi zu entwickeln,
der biologisch abbaubar ist.
Das heißt, er verschwindet nach einiger Zeit
von der Straße, weil er verrottet.

Kaugummi in anderen Sprachen

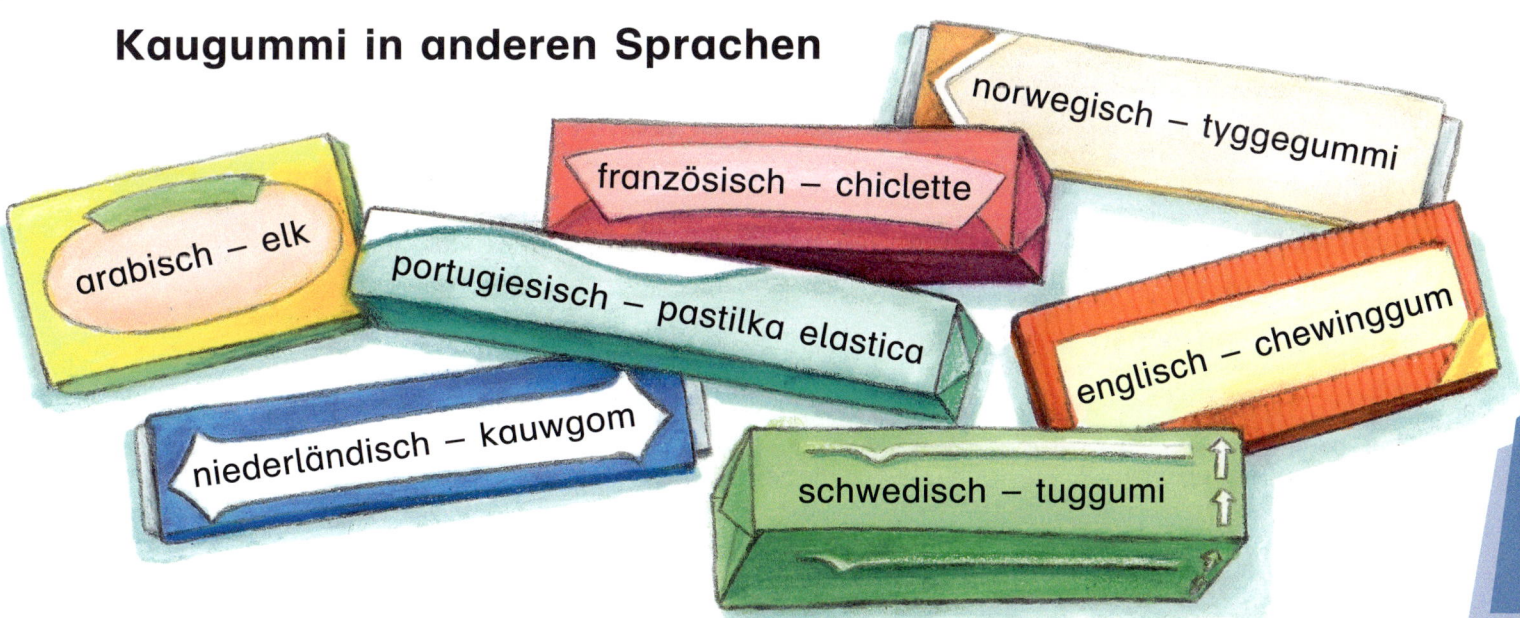

norwegisch – tyggegummi

französisch – chiclette

arabisch – elk

portugiesisch – pastilka elastica

englisch – chewinggum

niederländisch – kauwgom

schwedisch – tuggumi

Willy Werkels Flugzeug

Hallo, ich bin Willy Werkel.
Ich bastel und tüftel für mein Leben gern.
Und das ist Buffa, mein Boxer.
Wir beide lieben Schrott und alten Krempel,
5 Rumpelkram nenn ich so was immer.
Deshalb mögen wir Flugzeuge besonders gern!
Denn wenn man es genau nimmt,
ist ein Flugzeug bloß ein Haufen Rumpelkram.

Immer wieder haben die Menschen probiert zu fliegen.
10 Aber das war gar nicht so einfach.
Sollen wir dir etwas über Flugzeuge erzählen?

Eines Tages, im Spätherbst 1878,
kam ein gewisser Herr Wright von der Arbeit nach Hause.
Er wohnte mit seiner Familie in den USA.
15 Wright hatte eine Überraschung
für seine Söhne Orville und Wilbur:
eine kleine Fledermaus aus Kork, Bambus und Papier.
Die Flügel waren an einem Gummiband befestigt
und bewegten sich auf und ab.
20 Die Papierfledermaus konnte fliegen!
Von nun an träumten sie davon,
selbst einmal so zu fliegen wie die Fledermaus.

Jahrelang waren Orville und Wilbur Wright
am Basteln und Werken und Hämmern und Zimmern.
25 Endlich war das erste Motorflugzeug der Geschichte fertig!

Es war leicht, hatte einen starken Motor
und Tragflächen mit der richtigen Form.
Der erste Flug dauerte leider nur zwölf Sekunden,
aber immerhin!

30 Dies ist mein eigenes Flugzeug.
Das hab ich mir aus
altem Rumpelkram selbst gebaut.
Denn das haben alter Krempel und
gute Ideen gemeinsam:
35 je mehr man sie dreht und wendet,
desto mehr fällt einem ein,
was man damit machen kann.

George Johansson

Unerhörte Begebenheit

Ein Maler malte Menschen,
die ohne Flugzeug flogen
und so wie wilde Schwäne
über den Himmel zogen.

Da sagte man dem Maler,
er sei wohl nicht gescheit.
Denn ohne Flugzeug fliege
kein Mensch in Wirklichkeit.

Der Maler nahm sein Bild
und sagte nicht ein Wort,
hielt es wie einen Drachen
und flog im Herbstwind fort.

Dieter Mucke

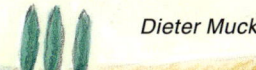

Familienband und Freundeskreis

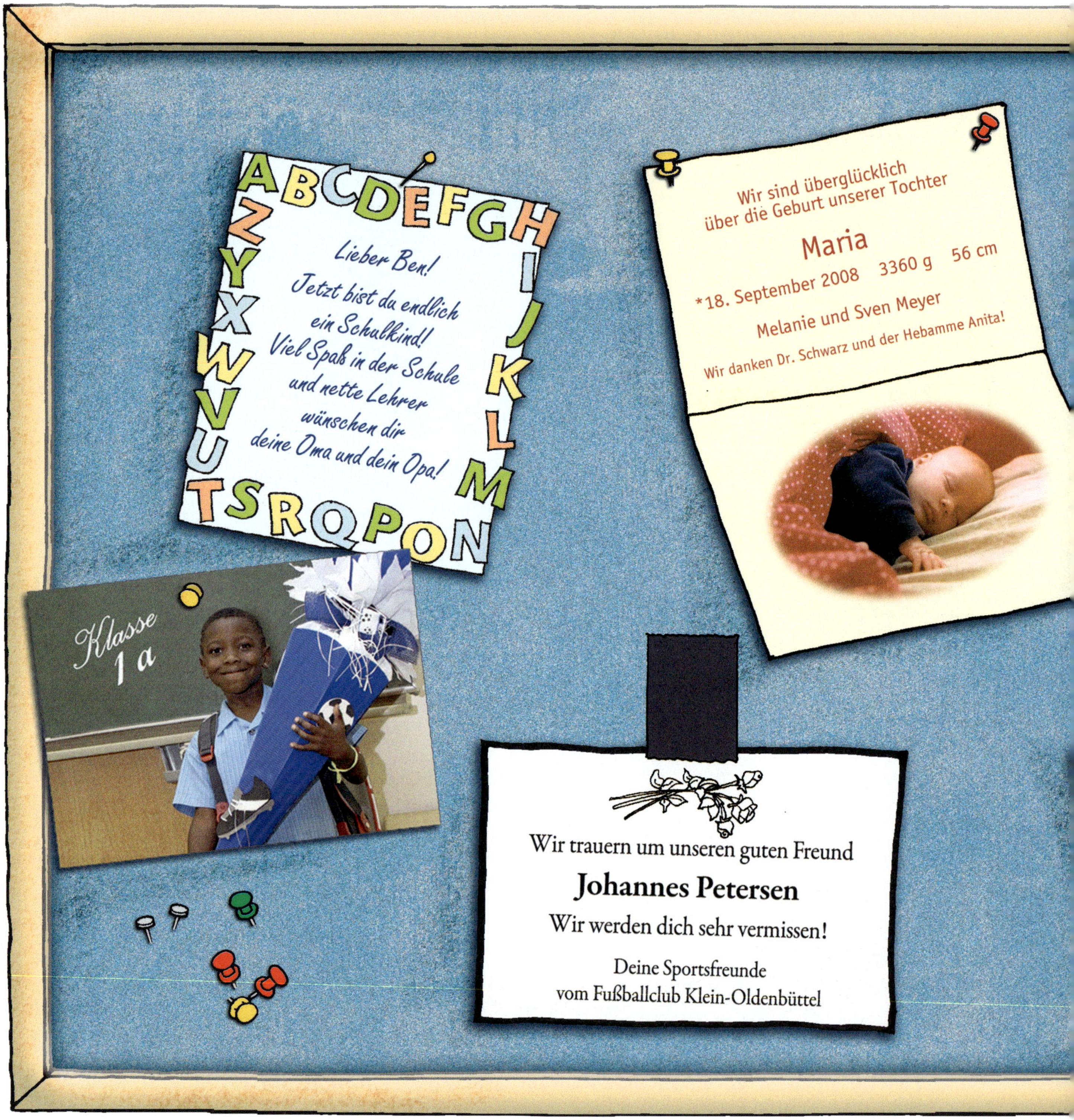

Lieber Ben!
Jetzt bist du endlich
ein Schulkind!
Viel Spaß in der Schule
und nette Lehrer
wünschen dir
deine Oma und dein Opa!

Wir sind überglücklich
über die Geburt unserer Tochter

Maria

*18. September 2008   3360 g   56 cm

Melanie und Sven Meyer

Wir danken Dr. Schwarz und der Hebamme Anita!

Klasse 1 a

Wir trauern um unseren guten Freund

Johannes Petersen

Wir werden dich sehr vermissen!

Deine Sportsfreunde
vom Fußballclub Klein-Oldenbüttel

Liebe Franziska

Zur heiligen
Kommunion
wünsche ich Dir
alles Gute und
Gottes Segen!

Deine Patin
Susanne

Wir werden heute um 15.30 Uhr in der
Pfarrkirche St. Martin in Marburg getraut.

**Katrin
Dobner**
geb. Müller

**Christian
Dobner**

Göttingen, den 17. September 2005

Liebe Oma!
60 Jahre, ach was soll's,
auf dieses Alter ist man stolz.
Wenn wir es Dir auch nicht immer sagen,
wir wissen, was wir an Dir haben.
Denk stets daran,
vergiss es nicht,
wir lieben und wir brauchen
Dich.
Dein Enkel Jan

Ein F ist allein

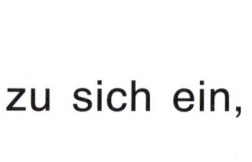

Ein **F** ist allein,

lädt das **R** zu sich ein,

noch ein **E** kommt hinzu,

kurz danach auch das **U** .

Steht ein **N** vor dem Haus,

holt die vier zu sich raus.

Meint das mitgebrachte **D** :

„Kommt, wir gehen zum **E** !"

Regina Schwarz

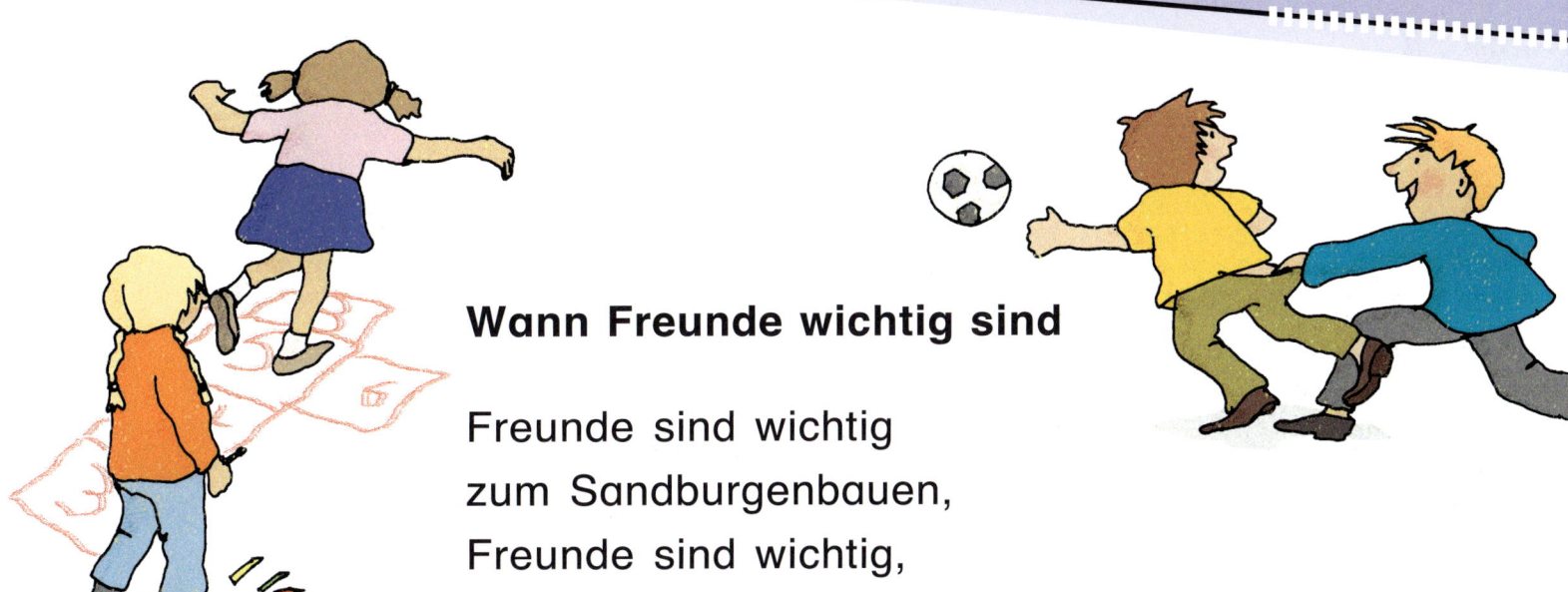

Wann Freunde wichtig sind

Freunde sind wichtig
zum Sandburgenbauen,
Freunde sind wichtig,
wenn andre dich hauen,
Freunde sind wichtig
zum Schneckenhaussuchen,
Freunde sind wichtig
zum Essen von Kuchen.

Vormittags, abends,
im Freien, im Zimmer …
Wann Freunde wichtig sind?
Eigentlich immer!

Georg Bydlinski

Beyda erzählt vom Zuckerfest

Hallo, ich heiße Beyda
und bin sieben Jahre alt.
Meine Familie kommt aus der Türkei.
Daher sind wir keine Christen,
5 sondern Moslems.
Weihnachten oder Ostern feiern wir nicht.
Wir halten den Fastenmonat Ramadan ein
und feiern zum Abschluss das Zuckerfest.
Auf türkisch heißt das Ramazan Bayrami.

10 Eigentlich dauert das Zuckerfest drei Tage,
aber nur der erste Tag wird richtig gefeiert.
Alle ziehen sich besonders schick an.
Meist kauft Mama mir ein hübsches Kleid.
Manchmal bekomme ich sogar neue Schuhe
15 und tolle Haarspangen.

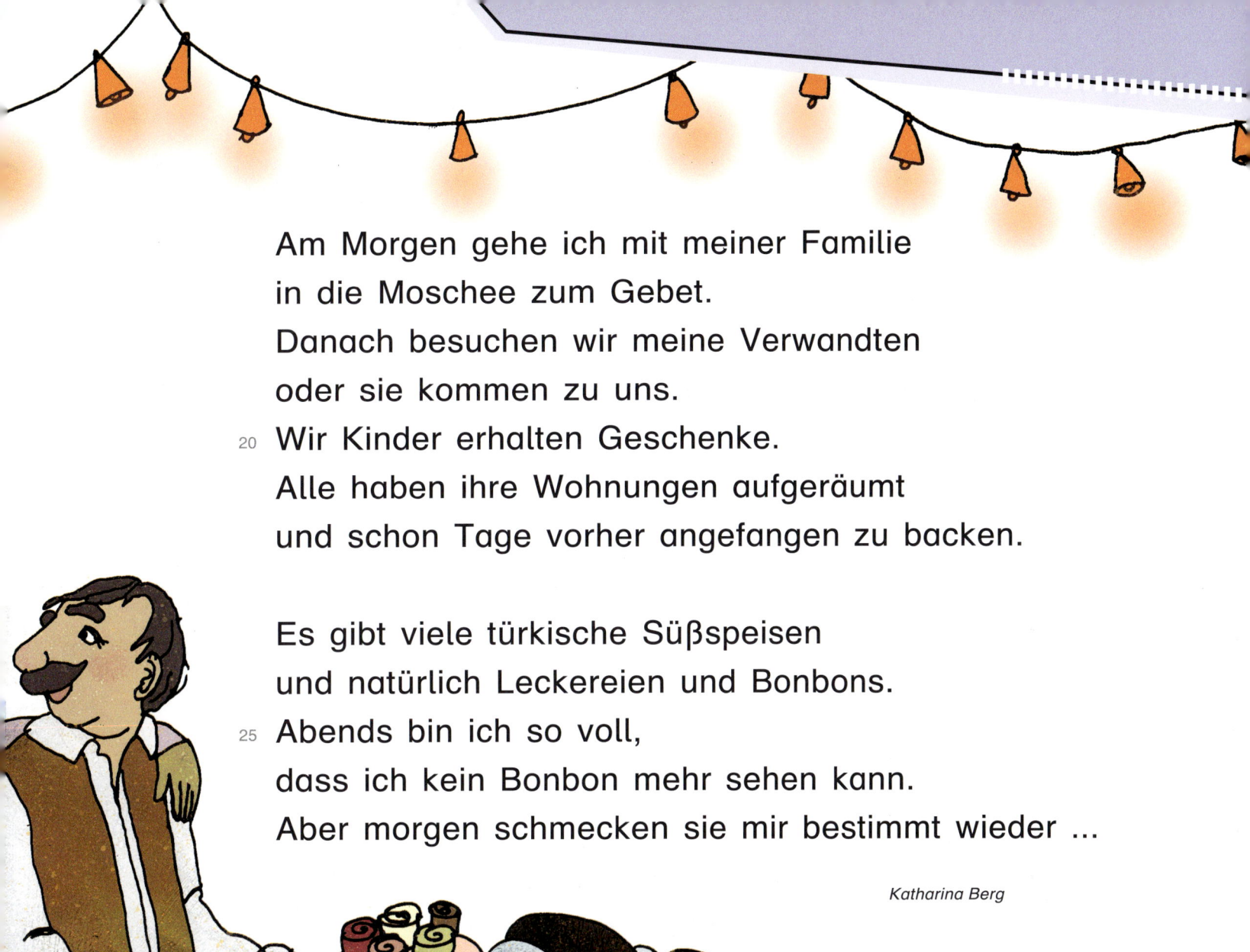

Am Morgen gehe ich mit meiner Familie
in die Moschee zum Gebet.
Danach besuchen wir meine Verwandten
oder sie kommen zu uns.

20 Wir Kinder erhalten Geschenke.
Alle haben ihre Wohnungen aufgeräumt
und schon Tage vorher angefangen zu backen.

Es gibt viele türkische Süßspeisen
und natürlich Leckereien und Bonbons.

25 Abends bin ich so voll,
dass ich kein Bonbon mehr sehen kann.
Aber morgen schmecken sie mir bestimmt wieder ...

Katharina Berg

Kolja

Kolja lebt mit seiner Mutter und seinem Vater,
seinen zwei größeren Brüdern und mit seiner
kleinen Schwester in einer kleinen Stadt.
Sie wohnen in einem Mehrfamilienhaus,
5 in einer Wohnung mit drei Zimmern,
einer Küche und einem Bad.
Kolja schläft mit seiner kleinen Schwester zusammen.
Die beiden älteren Brüder haben ein Zimmer für sich
und die Eltern schlafen im Wohnzimmer.

10 Koljas Mutter hat immer viel zu tun.
Sie muss früh aufstehen, das Frühstück bereiten
und die Kinder wecken. Sie muss sauber machen,
waschen und Mittagessen kochen.
Manchmal muss sie auch Kolja und seinen beiden
15 älteren Brüdern bei den Schulaufgaben helfen.
Und sie muss die Windeln für Nora wechseln,
Abendbrot richten und die Kinder ins Bett bringen.
Kolja fragt sie oft:
„Können wir etwas Schönes zusammen machen?"
20 Die Mutter antwortet: „Wenn ich mal mehr Zeit habe!"

Kolja seufzt und wünscht, er bekäme eines Tages
einen Hund. Ein Hund hätte immer Zeit für ihn.
Koljas Vater arbeitet in einer Autowerkstatt.
Auch er hat wenig Zeit für die Kinder.
25 Kolja fragt ihn: „Kannst du mir einen Hund kaufen?"
Der Vater brummelt: „Wenn ich mal so reich wie ein Scheich bin!"

Koljas ältester Bruder, der Martin heißt,
ist elf Jahre alt und er besitzt eine Eisenbahn.
Kolja möchte auch gerne eine Eisenbahn haben.
Er hat seinen Bruder schon oft gefragt:
„Schenkst du mir deine Eisenbahn?"
Und Martin hat schon oft geantwortet:
„Erst, wenn ich in einem richtigen Zug
eine richtige lange Bahnreise gemacht habe."

35 Koljas kleine Schwester hat noch keine Eisenbahn.
Sie robbt mit ihren Armen und Beinen
über den Boden und steckt in den Mund,
was dort liegen geblieben ist.

Oft sagt die Mutter zu Kolja:
40 „Kannst du nicht auf Nora aufpassen?
Du siehst doch, dass ich alle Hände voll zu tun habe."
Und Kolja legt sich zu Nora auf den Fußboden,
passt auf sie auf und träumt.
Von dem Tag, an dem Vater reich wie ein Scheich ist.
45 Von dem Tag, an dem Martin
mit der richtigen Eisenbahn fahren wird.
Von dem Tag, an dem er nicht mehr
auf Nora aufpassen muss.

Marjaleena Lembcke

Ob Koljas Wünsche
sich erfüllen,
erfährst du in
„Die Nacht der
sieben Wünsche"
von Marjaleena Lembcke.

Weil Papa schimpft

Weil Papa dauernd schimpft mit mir,
geh ich jetzt einfach weg.
Ich trampel wie ein Trampeltier
und such mir ein Versteck.

5 Das ist in meinem Kleiderschrank.
Die Türen zieh ich zu.
Ich hör und seh nichts, Gott sei Dank!
Hier lasst mich bloß in Ruh!

In meinem Käfig riecht es schlecht,
10 ich kriege kaum noch Luft.
Geschieht dem blöden Papa recht!
So ein gemeiner Schuft!

Wenn er dann sucht und mich vermisst,
bin ich vielleicht schon tot!
15 Das einzig Dumme daran ist:
Ich hätt gern Abendbrot.

Mein Magen knurrt. Ich schleich mich raus.
Hat Papa wohl noch Wut?
Der sieht ja wieder friedlich aus!
20 Verzeih ich ihm? Na gut.

Christa Zeuch

Eddies zweite Lügengeschichte

Genau zehn Tage nach Weihnachten gehen meine
Eltern im Supermarkt verloren. Zum vierten Mal.
Ich stehe an der Käsetheke und unterhalte mich
mit der Verkäuferin, als es passiert.

5 Die Verkäuferin sagt eben zu mir:
„Eddie, wenn du den Emmentaler kaufst, dann …"
Weiter kommt sie nicht,
denn eine Stimme ruft über die Sprechanlage aus:

„Achtung, Achtung, eine Durchsage!
Die Eltern von Frederike Langer, kurz Eddie genannt,
haben sich mal wieder zwischen Backwaren
und Konserven verlaufen und warten jetzt
bei Frau Krüger im Büro auf ihre Tochter.
Ende der Durchsage."

15 Die Käseverkäuferin sieht mich an, als hätte ich
einen Pudel als Frisur. Ich versuche zu lächeln.
„Sind das deine Eltern?", fragt die Verkäuferin.
„Ganz richtig", sage ich.
„Schon wieder verlaufen?", sagt die Verkäuferin.
20 „Ja, schon wieder", antworte ich und frage mich,
wie das passieren konnte. Bevor ich zur Käsetheke
ging, habe ich meinen Eltern eine Liste mitgegeben.
Die Liste war nicht lang. Ich wollte meine Eltern
ja nicht überfordern. Sie sollten sich um Backsachen
25 kümmern und mich danach an der Käsetheke treffen.
„Und geht mir ja nicht verloren", habe ich noch gesagt …

Zoran Drvenkar

Irgendwie Anders

Auf einem hohen Berg, wo der Wind pfiff, lebte ganz allein
und ohne einen einzigen Freund Irgendwie Anders.
Er wusste, dass er irgendwie anders war, denn alle fanden das.
Wenn er sich zu ihnen setzen wollte
5 oder mit ihnen spazieren gehen oder mit ihnen spielen wollte,
dann sagten sie immer: „Tut uns leid, du bist nicht wie wir.
Du bist irgendwie anders. Du gehörst nicht dazu."

Irgendwie Anders tat alles, um wie die anderen zu sein.
Er malte Bilder. Er spielte, was sie spielten (wenn er durfte).
10 Er brachte sein Mittagessen auch in einer Papiertüte mit.
Aber es half alles nichts. Er sah nicht so aus wie die anderen
und er sprach nicht wie sie. Er malte nicht so wie sie.
Und er spielte nicht so wie sie.
Und was er für komische Sachen aß!
15 „Du gehörst nicht hierher", sagten alle.
„Du bist nicht wie wir, du bist irgendwie anders!"
Irgendwie Anders ging traurig nach Hause.

Er wollte gerade schlafen gehen, da klopfte es an seiner Tür.
Draußen stand jemand – oder etwas.
20 „Hallo!", sagte es. „Nett, dich kennen zu lernen.
Darf ich reinkommen?"
„Wie bitte?", sagte Irgendwie Anders.
„Guten Tag!", sagte das Etwas und hielt ihm die Pfote hin –
das heißt, eigentlich sah sie mehr wie eine Flosse aus.
25 Irgendwie Anders starrte auf die Pfote.
„Du hast dich wohl in der Tür geirrt", sagte er.

Das Etwas schüttelte den Kopf. „Überhaupt nicht, hier gefällt's mir. Siehst du ..."

Und ehe Irgendwie Anders auch nur bis drei zählen konnte,

war es schon im Zimmer ... und setzte sich auf die Papiertüte.

30 „Kenn ich dich?", fragte Irgendwie Anders verwirrt.

„Ob du mich kennst?", fragte das Etwas und lachte.

„Natürlich! Guck mich doch mal ganz genau an, na los doch!"

Und Irgendwie Anders guckte.

Er lief um das Etwas herum, guckte vorn, guckte hinten.

35 Und weil er nicht wusste, was er sagen sollte, sagte er nichts.

„Verstehst du denn nicht!", rief das Etwas. „Ich bin genau wie du!

Du bist irgendwie anders – und ich auch."

Und es streckte wieder seine Pfote aus und lächelte.

Irgendwie Anders war so verblüfft, dass er weder lächelte noch die Pforte schüttelte.

40 „Du bist doch nicht wie ich! Du bist überhaupt nicht

wie irgendwas, das ich kenne. Tut mir Leid, aber jedenfalls

bist du nicht genauso irgendwie anders wie ich!"

Und er ging zur Tür und öffnete sie. „Gute Nacht!"

Das Etwas ließ langsam die Pfote sinken.

45 „Oh!", machte es und sah sehr klein und sehr traurig aus.

Es erinnerte Irgendwie Anders an irgendwas, aber er wusste einfach nicht, woran.

Das Etwas war gerade gegangen, da fiel es ihm plötzlich ein.

„Warte!", rief Irgendwie Anders. „Geh nicht weg!"

Er rannte hinterher, so schnell er konnte.

50 Als er das Etwas eingeholt hatte, griff er nach seiner Pfote

und hielt sie ganz, ganz fest. „Du bist nicht wie ich,

aber das ist mir egal. Wenn du Lust hast,

kannst du bei mir bleiben." Und das Etwas hatte Lust.

Seitdem hatte Irgendwie Anders einen Freund.

Kathryn Cave

Traumzeit und Abenteuerheld

Hereinspaziert

„Liebe Eltern und Kinder!",
ruft der Mann im Zylinder.
„Hereinspaziert! Hereinspaziert!
Hier wird ein Nilpferd vorgeführt.
5 Der Mann mit der Peitsche ist ein Dompteur
und der mit den Ringen ein Jongleur.
Der Schwarze mit dem Messer
ist sogar ein Feuerfresser!"

„Liebe Eltern und Kinder!",
10 ruft der Mann im Zylinder.
„Das kleine Mädchen tanzt auf Spitzen
und wird auf einem Tiger sitzen.
Aus dem Hut des Clowns wachsen Trauben,
aus seinem Hemd fliegen Tauben.
15 Er wird Geige spielen und singen
und euch alle zum Lachen bringen."

Max Bolliger

Die vergessliche kleine Hexe

Es gab einmal eine kleine ,

die konnte noch nicht hexen.

Darum konnte sie auch nicht auf

dem  reiten wie andere

Die ritten über  und

hoch in die . Dabei riefen sie

immerzu: „Hixe haxe hex ...", und

hinterher noch was. Das konnte die

kleine  aber nicht verstehen.

Wenn sich die kleine  auf ihren

 setzte und losfliegen wollte,

rief sie auch: „Hixe haxe hex", aber

nichts hinterher. Dann rührte sich

der  nicht, und die kleine rief

erbost: „He, wie geht es weiter?"

Die anderen lachten

nur und ritten hoch bis zum .

Margret Rettich

Zaubertrick mit Zuckerstücken

Vorbereitung

Für diesen Trick brauchst du einen Komplizen.
Vereinbare mit ihm ein geheimes Zeichen
für die Zahlen 1 bis 3: Zeigt der Henkel
der Tasse nach links, bedeutet das 1,
zeigt er zur Mitte, bedeutet das 2
und zeigt er nach rechts, bedeutet das 3.

Material:
Kaffeetasse
3 Stücke Zucker

Vorführung

1. Wähle zwei Zuschauer aus,
   von denen einer dein Komplize ist.
   Gib dem Komplizen die Tasse
   und dem anderen den Zucker.

2. Dreh dich um und bitte den Zuschauer,
   1, 2 oder 3 Stücke Zucker auf den Tisch zu legen.
   Bitte dann den Komplizen, das Stück
   oder die Stücke mit der Tasse abzudecken.

3. Wenn er die Stücke abgedeckt hat, dreh dich um.
   Schaue, in welche Richtung der Henkel zeigt.
   Jetzt kannst du ganz einfach sagen,
   wie viele Stücke darunter liegen.

Zappelzeh und Zwidermann

Die Zauberin Frau Zappelzeh,
die isst nur frisch gefallnen Schnee,
fährt Windrad und spielt Wasserwerkel
und fliegt auf einem Rosenferkel.

Ihr Nachbar, der Herr Zwidermann,
der gar kein bisschen zaubern kann,
besteigt mit würdevoller Miene
missmutig seine Limousine.
Er fährt sein Radio spazieren,
mag nicht mit Wasser musizieren
und strampelt sich nicht ab mit Winden,
kann auch am Schnee nichts Gutes finden,
der ist ihm viel zu kalt geraten,
und Ferkel liebt er nur gebraten.

Christine Busta

Piratengeschichte

Vorbei an der Schaukel, über die Wiese,
im Wäschekorb segeln wir weit umher.
Die Winde singen, sie geben uns Brise,
im Gras schwappen Wellen wie Wellen im Meer.

Brise: Wind mittlerer Stärke

Wir gehen auf Kurs und wir stechen in See,
wir trotzen den Wellen, folgen den Sternen,
auf geht's nach Afrika, Luv oder Lee,
auf nach Timbuktu und blaueren Fernen.

Luv oder Lee:
gegen den Wind oder
mit dem Wind

Da hält eine Flotte direkt auf uns zu –
Vieh auf der Weide kommt brüllend gerannt!
Wir drehen schnell ab vor dem dröhnenden „Muh",
die Pforte der Hafen, der Garten der Strand.

Robert Louis Stevenson

Piraten

Piraten gab es schon immer.
Überall dort, wo Schiffe mit wertvoller Ladung
unterwegs waren,
lauerten Piraten ihnen auf und raubten sie aus.

5 Vor etwa 1000 Jahren
kamen Piraten aus den Ländern im Norden Europas.
Mit ihren Drachenschiffen
fuhren sie die Flüsse hinauf
und plünderten Städte und Dörfer
10 und ermordeten viele Bewohner.

Nach der Entdeckung und Besiedelung Amerikas
lauerten Piraten auch in der Karibik auf Handelsschiffe,
die mit kostbaren Gütern unterwegs waren.

Auch heute gibt es Piraten,
15 die mit schnellen Booten und modernen Waffen
sogar Supertanker kapern und Lösegeld erpressen.

Auch wenn in Filmen
Piraten oft als tolle Typen dargestellt werden,
sind sie in Wirklichkeit
20 Räuber und Mörder auf dem Wasser.

Kalif Storch

Vor langer, langer Zeit
lebte in Bagdad der Kalif Chasid.
Er hatte einen treuen Freund und Berater,
den Wesir Mansor.
5 Eines Tages verkaufte ein Händler
dem Kalifen ein Zauberpulver.
Damit konnte man sich
in jedes beliebige Tier verwandeln
und auch dessen Sprache verstehen.
10 Wollte man seine menschliche Gestalt zurückerlangen,
so musste man sich dreimal nach Osten neigen
und „Mutabor" sagen.
Wenn man allerdings als Tier lachte,
so vergaß man das Zauberwort
15 und blieb für alle Zeiten ein Tier.

Nun müsst ihr aber wissen,
dass der Händler in Wirklichkeit
der böse Zauberer Kaschnur war,
der den Kalifen vertreiben
20 und seinen eigenen Sohn Mizra
zum Kalifen machen wollte.

Gleich am nächsten Tag
probierten der Kalif und sein Wesir
das Zauberpulver aus.
25 Sie verwandelten sich in Störche
und belauschten das Gespräch
zweier Storchendamen.
Das war so lustig,
dass beide in Gelächter ausbrachen
30 und das Zauberwort vergaßen.
Betrübt und entsetzt verließen sie Bagdad
und flogen in die Wüste.
Am Abend landeten sie
in einem halb verfallenen Schloss,
35 um dort zu übernachten.

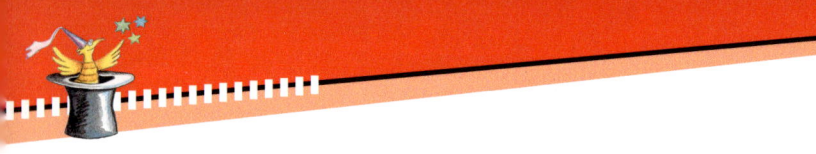

Plötzlich hörte der Kalif ein lautes Heulen
und entdeckte in einem Kämmerchen eine große Eule.
Diese erzählte, sie sei eine Prinzessin.
Der böse Zauberer Kaschnur
40 habe sie in eine Eule verwandelt
und hierher gebracht,
weil sie seinen Sohn Mizra
nicht habe heiraten wollen.
Wenn aber ein Mann verspräche,
45 sie in ihrer Tiergestalt zur Frau zu nehmen,
so wäre sie erlöst.
Der Kalif versprach der Eule,
sie zu heiraten.
Da verriet sie,
50 dass sich in dieser Nacht viele Zauberer
in einem Saal des alten Schlosses versammelten.
Dort würden sie mit ihren Missetaten prahlen.
Vielleicht könnte der Kalif
so das vergessene Zauberwort erfahren.

55 Tatsächlich trug sich alles so zu.
Der böse Zauberer Kaschnur
erzählte hohnlachend,
wie sich der Kalif in einen Storch verwandelt
und das Zauberwort „Mutabor" vergessen hatte.

60 Kaum hatten der Kalif und sein Wesir
das Wort vernommen,
verließen sie das alte Schloss
und verwandelten sich in Menschen zurück.
Auch die Eule wurde erlöst

65 und ward eine wunderschöne, junge Frau,
in die sich der Kalif sogleich verliebte.
Als die drei nach Bagdad zurückkehrten,
freuten sich die Bewohner der Stadt ungemein
und vertrieben sogleich den Sohn des Zauberers,

70 der sich im Palast des Kalifen eingenistet hatte.
So lebten sie glücklich und vergnügt
und noch manches Mal
verwandelten sich der Kalif und der Wesir Mansor
zu ihrem Spaß in Tiere.

75 Das Zauberwort aber vergaßen sie nie wieder.

nach Wilhelm Hauff

Wüstenschiff und Wollmilchsau

Das Huhn legt öfter mal ein Ei.
Mag sein – ich war noch nie …

Der Dachs mag seine Streifen sehr,
am liebsten hätte er noch …

Der Fisch, der spricht auf seine Weise,
was er auch sagt, er sagt es …

Hat der Löwe nichts im Magen,
pflegt er Essbares zu …

Edith Schreiber-Wicke

Paul Maar

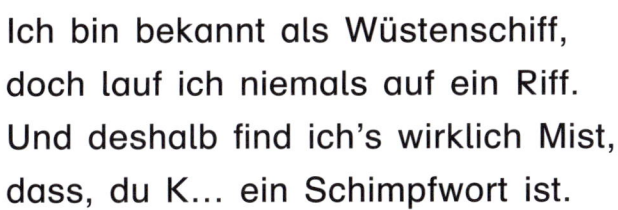

Ich bin bekannt als Wüstenschiff,
doch lauf ich niemals auf ein Riff.
Und deshalb find ich's wirklich Mist,
dass, du K... ein Schimpfwort ist.

Eric Carle

Zwei alte Feuersalamander,
die sitzen fröhlich beieinander
und freuen sich ganz ungeheuer
an ihrem Salamanderf...

Paul Maar

In einem großen Schneckenhaus,
da wohnt ein Schneck mit Namen Klaus.
Der Sohn von Klaus heißt Kläuschen
und wohnt in seinem H...

Paul Maar

Allerlei Getier

Zehn Ziegen zogen
zehn Zentner Zucker zum Zoo.

Esel essen Nesseln nicht,
Nesseln essen Esel nicht.

Die Katzen kratzen im Katzenkasten,
im Katzenkasten kratzen Katzen.

Es klapperten die Klapperschlangen
bis ihre Klappern schlapper klangen.

In dem dichten Fichtendickicht
pickten dicke Finken tüchtig,
dicke Finken pickten tüchtig
in dem dicken Fichtendickicht.

Wie wird aus einem Hund eine Maus?

Hund
Hand
Hans
Haus
Maus

Zwei nette Mäuse

An einem Baum kleben drei fette Läuse.
An einem Baum leben drei fette Läuse.
An einem Baum leben drei nette Läuse.
In einem Baum leben drei nette Läuse.
In einem Traum leben drei nette Läuse.
In meinem Traum leben drei nette Läuse.
In meinem Traum leben drei nette Mäuse.
In meinem Traum leben zwei nette Mäuse.

Sonderbare Tierwelt

Ein Ein traf einst ein Omedar
und fand dies äußerst sonderbar.
„Du, Omedar!", sprach da das Ein,
„mir scheint, dein Name ist zu klein."
„Na", gab das Omedar zurück,
„es fehlt bei dir doch auch ein Stück."
„Da hast du recht", gestand das Ein,
„ich bin in Wirklichkeit ein Schw...
Und du bist, das ist sonnenklar,
doch ganz bestimmt ein Dr..."

Katharina Berg

Tante Mia und der Hund

Tante Mia wollte während der Ferien
das Haus ihrer Verwandten hüten.
Zu dem Haus gehörte auch ein Hund,
der es sich gern
5 in demselben Lehnsessel bequem machte,
in dem auch die Tante mit Vorliebe saß.
Als der Hund wieder einmal
den Stuhl beschlagnahmt hatte,
ging die Tante zum Fenster und rief:
10 „Da sind ja die Katzen!"
Sofort sprang der Hund
mit lautem Gebell zum Fenster,
und die Tante konnte sich in den Stuhl setzen.

Eines Tages kam der Hund ins Zimmer,
15 als die Tante schon im Sessel saß.
Da sprang er schnell ans Fenster
und fing an, furchtbar zu bellen.
Unsere neugierige Tante stand auf,
um zu sehen, was los sei.
20 Der Hund lief nun ruhig zurück,
sprang in den Lehnsessel
und machte es sich bequem.

Andrea Steck

Kleine Hundekunde

Der Affenpinscher ist verträglich
und hängt an seinem Frauchen sehr.
Viel Auslauf braucht das Hündchen täglich.
Es wird nur rund sechs Kilo schwer.

Höhe:
25–30 cm
Gewicht:
bis 6 kg

Den Puli kann man gut erkennen
mit seinen Schnüren statt mit Fell.
Trotzdem kann er behände rennen
und warnt den Schäfer mit Gebell.

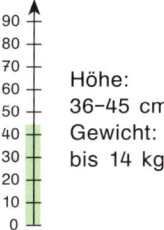

Höhe:
36–45 cm
Gewicht:
bis 14 kg

Die Spur des Wildes riecht im Grase
der kluge Drahthaar bei der Jagd,
denn er hat eine gute Nase
und ist bei Jägern sehr gefragt.

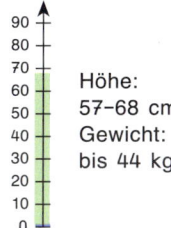

Höhe:
57–68 cm
Gewicht:
bis 44 kg

Es gibt so viele schöne Hunde,
sie heißen Karo, Bello, Rolf.
Doch zeigen sogar Steinzeit-Funde:
Sie stammen alle ab vom Wolf.

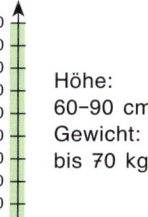

Höhe:
60–90 cm
Gewicht:
bis 70 kg

King-Kong, das Geheimschwein

Jan-Arne hat ein junges Meerschweinchen
geschenkt bekommen. Eigentlich ist es ein Weibchen,
aber Jan-Arne hat es King-Kong getauft,
weil er sich ein starkes, wildes Meerschweinchen wünscht.
5 *Seine Eltern wissen noch nichts von King-Kong.*

Es ist ein Glück, dass Mama
dienstags immer ihren Strickkreis hat.
Sonst hätte sie King-Kong vielleicht entdeckt,
als Jan-Arne ihn im Schuhkarton
10 nach Hause gebracht hat.
Aber jetzt ist sie weg, und Jan-Arne kann
den ganzen Nachmittag mit King-Kong
im Kinderzimmer spielen.
„Guck, hier wohnst du jetzt, King-Kong",
15 sagt Jan-Arne und lässt King-Kong
seine Spielsachen beschnuppern.
„Bei mir, in unserem Zimmer.
Das ist jetzt unser Zimmer, deins und meins."
King-Kong fiept ein bisschen
20 und verschwindet unterm Bett.
Aber Jan-Arne kennt das ja schon.
„Morgen hast du nicht mehr so dolle Angst,
King-Kong, ehrlich nicht", sagt er tröstend.
„Morgen kennst du das alles schon besser."

25 Da hört er, wie Mama die Tür aufschließt.

„Sei bloß leise, King-Kong", flüstert er.

„Das hier ist dein Geheimversteck.

Morgen erzähl ich Mama von dir.

Und Papa. Aber heute noch nicht.

30 Heute bist du noch ganz allein mein Geheimschwein."

Und er geht auf den Flur und sagt hallo zu Mama.

So kommt sie wenigstens nicht auf den Gedanken,

in sein Zimmer zu gucken.

Das darf sie morgen wieder.

35 Oder übermorgen, mal sehen.

Kirsten Boie

Ob Jan-Arne es schafft,
seinen Eltern von King-Kong zu erzählen?
Und ob er King-Kong wohl behalten darf?
Das erfährst du in dem Buch
„King-Kong, das Geheimschwein"
von Kirsten Boie.

Meerschweinchen 🌍 Südamerika ➜ bis 30 cm

Viele Kinder halten sich ein Meerschweinchen
als Spielgefährten.
Die lebhaften Tiere stammen ursprünglich
von wilden Meerschweinchen ab,
5 die im Hochland von Südamerika vorkommen.
Schon die Inka, ein großes Indianervolk in Peru,
haben Meerschweinchen als Haustiere gehalten.
Sie aßen die Tiere, wie wir heute Hauskaninchen essen.

Als wilde Tiere leben Meerschweinchen in Erdbauen.
10 Manchmal liegen mehrere Baue nebeneinander.
Die Tiere kriechen nur nachts und frühmorgens
aus ihrem Bau, um Gras und Blätter zu fressen.
Die Weibchen bekommen mehrmals im Jahr
bis zu fünf Junge.
15 Die Jungen sind bei der Geburt schon voll entwickelt
und suchen bereits nach zwei Wochen feste Nahrung.
Ihren Namen haben die Meerschweinchen
übrigens daher, dass sie wie Ferkel quieken.

Sie wurden nach der Entdeckung Amerikas
20 über das Meer nach Europa gebracht.
Bei guter Haltung zu Hause können Meerschweinchen
bis zu sechs Jahre alt werden.
Sie brauchen nur etwas Stroh und ein Schlafhäuschen.
Meerschweinchen fressen Heu, Salat und Körner
25 und trinken täglich frisches Wasser.

Kinder Tierlexikon

Meerschweinchenversteck

Die Nele rief: „Du lieber Schreck!
Das Meerschwein ist schon wieder weg!
Es ist ein echtes Wanderschwein.
Ich frage mich: Wo kann es sein?"
5 Die Mutter sprach: „Hockt es im Klo?
Im Käfig stinkt es ebenso!"
Die Nele fand, das sei nicht wahr.
„Der Käfig riecht ganz wunderbar.
Ich find es sicher unterm Bett.
10 Es findet Staub und Flusen nett."
„Ach Quatsch, es liebt es warm und trocken,
es wird wohl nah am Ofen hocken."
Ein Meerschwein ist nicht gern allein.
Wo also kann es heute sein?
15 Man fand es schließlich tief im Schlaf
im Korb bei Neles Kuschelschaf.

Katharina Berg

Tagebuch eines Wombat

<u>Montag</u>

Morgens: Geschlafen.

Mittags: Geschlafen.

Abends: Gras gefressen. Mich gekratzt.

Nachts: Gras gefressen. Geschlafen.

<u>Dienstag</u>

Morgens: Geschlafen.

Mittags: Geschlafen.

Abends: Gras gefressen.

Nachts: Gras gefressen.

Gras mit der Zeit langweilig.

Mich gekratzt.

Nicht ganz einfach, die juckenden

Stellen zu erreichen. Geschlafen.

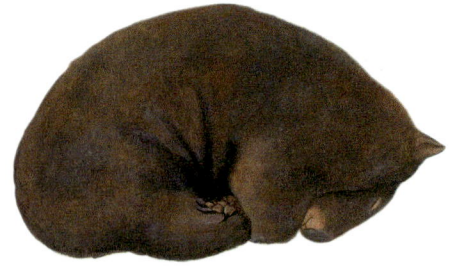

<u>Mittwoch</u>

Morgens: Geschlafen.

Mittags: Milder Tag, leicht bewölkt.

Das perfekte Staubbad gefunden.

<u>Donnerstag</u>

Morgens: Geschlafen.

Mittags: Die perfekte Kratzstelle entdeckt.

Abends: Karotten gefressen.

Neues Loch in weichem Boden

gebuddelt. Schlafen gelegt.

Freitag

Morgens: Geschlafen.

Mittags: Neue Kratzstelle entdeckt.

Abends: Irgendjemand hat
mein neues Loch zugeschüttet!
Gleich wieder ausgehoben.

Nachts: An dem Loch weitergearbeitet.

Samstag

Morgens: In das neue Loch eingezogen.

Mittags: Regen.
Neues Loch ist
mit Wasser vollgelaufen.

Abends: Jede Menge Karotten entdeckt.

Nachts: Alle Karotten aufgefressen.
Geschlafen.

Sonntag

Morgens: Geschlafen.

Mittags: Geschlafen.

Abends: Geschlafen.

Nachts: Mich gekratzt.
Schlafen gelegt.

Jackie French

Lesemops und Bücherwurm

Lesebrett

Die Schulbücherei hat montags und mittwochs in der großen Pause für euch geöffnet!

Ihr habt wieder gewählt!
Das sind eure Lieblingsbücher:

Klasse 1: Das kleine Ich bin Ich
Klasse 2: Die Olchis im Zoo
Klasse 3: Der kleine Vampir in Gefahr
Klasse 4: Lola auf Hochzeitsreise

Antolin

Wer ist noch nicht angemeldet?
Zugangsdaten und Infos
bekommt ihr bei den
Schülern der Computer-AG!

Tipp für alle Bücherwürmer:
Wie jeden Monat liest wieder ein bekannter
Kinder- und Jugendbuchautor in der Stadtbibliothek.
Dieses Mal könnt ihr die Autorin und Zeichnerin
Rotraut Susanne Berner treffen, die nicht nur Geschichten schreibt,
sondern auch selbst die Bilder dazu malt!

Infos aus der Stadtbücherei

Achtung!!
Anmeldeschluss
für die Lesenacht am
17.03.
ist nächsten Mittwoch
bei den Lesemöpsen
der Bücher-AG!!

Unsere Frau des Monats

Auch im März möchte die Stadtbibliothek ganz herzlich zur monatlichen Lesung einladen. Zu Gast ist diesmal die Autorin und Illustratorin Rotraut Susanne Berner.

- Frau Berner wurde 1948 in Stuttgart geboren.
- Seit 1977 zeichnet und gestaltet sie Kinderbücher.
- Am bekanntesten sind ihre Wimmelbücher, in denen es viel zu entdecken gibt.
- Seit einiger Zeit schreibt sie auch eigene Geschichten.
- Im Jahr 2006 bekam sie für ihre Arbeit einen ganz besonderen Preis!

Wir hoffen, viele kleine und große Zuhörer in unserem Lesesaal begrüßen zu dürfen!

Rotraut Susanne Berner

*Kommen eigentlich die Geschichten und die Bilder
in einem Buch immer von der gleichen Person?*

Meistens denkt sich eine Person
die Geschichte aus. Das ist der Autor
5 oder die Autorin des Buches.
Die Bilder werden dann
von einer zweiten Person gezeichnet.
Das ist jemand, der besonders gerne
und schön zeichnet. Diesen Beruf
10 nennt man Illustrator oder Illustratorin.

Eine sehr bekannte Illustratorin ist
Rotraut Susanne Berner.
Sie hat die Bilder für bekannte Kinderbücher
und für Bilderbücher gemalt.
15 Bilderbücher sind Bücher, in denen es viele Bilder
gibt und wenig oder gar keinen Text dazu.
Hast du schon einmal etwas
von Wimmlingen gehört?
Nein, dann schau auf Seite 91 mal genau hin.

20 Manchmal schreibt Rotraut Susanne Berner
aber auch selbst Geschichten.
In diesen Geschichten berichtet sie oft
von den Menschen und Tieren aus Wimmlingen.
Auf den Seiten 92 und 93 kannst du
25 die Geschichte von Petra lesen.

1

PETRA LIEST UND SCHMÖKERT IMMER,
NICHT NUR HIER IN IHREM ZIMMER.

2

SIE LIEST AUCH GERN AUF HOHEN BÄUMEN

3

UND IN TIEFEN KELLERRÄUMEN,

4

SIE LIEST IM BETT UND AUF DEM KLO

5

UND IN DER WANNE SOWIESO.

6

NEULICH LAS SIE AUF DER STRASSE
UND STIESS SCHMERZHAFT MIT DER NASE

7

UND DER STIRN AN DIE LATERNE
UND SAH PLÖTZLICH NUR NOCH STERNE.

8

DOKTOR SPECHT, DIESER BANAUSE,
VERORDNET EINE LESEPAUSE.

9

AUF DEM REZEPT STEHT: AUGEN ZU,
STILLE, EISBEUTEL UND RUH!

10

KAUM IST DER DOKTOR AUS DEM HAUS,
HOLT PETRA GLEICH IHR BUCH HERAUS:

11

SIE IST SO AUF DEN SCHLUSS GESPANNT!
DOCH FÄLLT DAS BUCH IHR AUS DER HAND.

12

ACH, WIEVIEL LEICHTER WÄR DAS LEBEN,
WÜRD' DAS BUCH BEIM LESEN SCHWEBEN!

Paul Maar

Paul Maar schreibt Bücher hauptsächlich für Kinder und zeichnet viele seiner Helden selbst.
Mit seinen Büchern hat er schon zahlreiche Preise gewonnen.
Er ist verheiratet und hat drei Kinder.

Mehr über Paul Maar:
www.wunschpunkte.de.

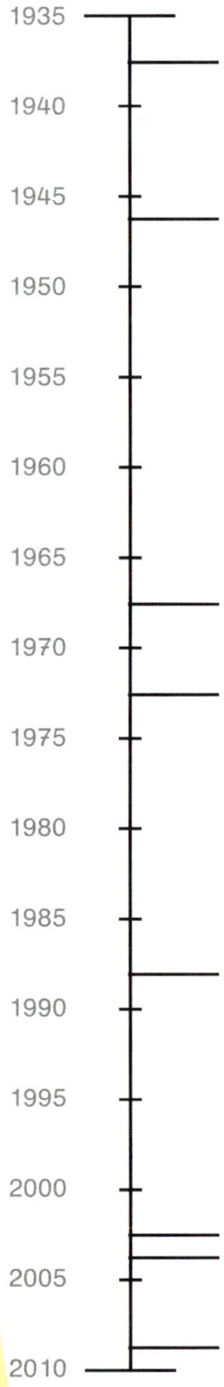

1935

1937 wird Paul Maar in Schweinfurt geboren.

1940

1945

Schon als Kind dachte er sich gern Geschichten aus.
Auch gelesen hat er viel.

1950

*„Mein Lieblingsbuch war „Die Indianergeschichte".
Der Autor hieß Drabsch, das weiß ich noch."
(Paul Maar)*

1955

1960

1965

1968 erscheint sein erstes Buch:
Der tätowierte Hund.

1970

„Im Laufe der Jahre sind schon mehr als 40 Bücher von mir erschienen, viele Theaterstücke und sogar eine Oper für Kinder. Vielleicht kennt ihr ja einige meiner Buchfiguren." (Paul Maar)

1973 Eine Woche voller Samstage

1975

1980

1985

1989  → Seite 128, 129

1990

„Nun arbeite ich schon über dreißig Jahre als Autor und stelle fest: Es langweilt mich immer noch nicht." (Paul Maar)

1995

2000

2003 verfilmt er die Geschichte vom Sams.

2005

2004 Herr Bello und das blaue Wunder

2008  → Seite 96, 97

2010

Horst Hofmanns Hunde (Eine H-Geschichte)

Hundert heimtückische Hunde heulten heute hinter
Horst Hofmanns Hinterhaus, heulten hinter Hennen her,
hinter Hasen, hinter Haselmäusen, hinter Hamstern.
Höfliche harmlose Hunde heulen höchstens heimlich.
Horst Hofmanns Hunde hingegen heulen höllisch.
Horst Hofmanns Hunde haben höchst hässliche
Heulgewohnheiten!

Paul Maar

Mit Knöpfen kann man knöpfen ...

Mit Knöpfen kann man knöpfen,
mit Riegeln kann man riegeln.
Mit Spritzen kann man spritzen,
mit Spiegeln kann man spiegeln.
Mit Zügeln kann man zügeln,
in Wiegen kann man sich wiegen.
Doch mit Flügeln kann man nicht flügeln,
mit Flügeln kann man ....

Paul Maar

Drei miese, fiese Kerle

Das Haus von Konrads Eltern war wirklich hübsch anzuschauen
mit seinen grünen Fensterläden und den Rosen im Vorgarten.
Aber leider hatte es eine „schlechte Lage", wie man sagte.
Es stand nämlich in einer ganz üblen Gespenstergegend.
5 Dort spukten drei wirklich wüste Gespenster.

Man nannte sie die drei Fiesen.
Genau genommen
war nur einer der drei ein wüstes Gespenst.
Die anderen beiden waren ein dickes Ungeheuer
10 und ein bleicher Nachtmahr. Sie hausten zu dritt
in einem dunklen Bauwerk, dem rußigen Schloss.
Wären sie da dringeblieben,
hätte niemand etwas gegen sie gehabt.
Aber die drei Fiesen blieben da nicht.
15 Und sie waren nicht nur nachts unterwegs,
wie gewöhnliche Gespenster oder Nachtmahre,
sondern auch tagsüber.
Und das war mehr als unfair.

Konrad und seine Eltern hatten sich daran gewöhnen müssen,
20 dass mindestens dreimal am Tag der Krankenwagen
mit Blaulicht und Martinshorn am Haus vorbeifuhr.
Weil nämlich die drei wüsten Typen wieder mal
einen Wanderer so erschreckt hatten,
dass der einen Schock erlitten hatte, auf eine Trage gelegt
25 und ins Krankenhaus geschafft werden musste.

Eines Tages, als der Krankenwagen
schon zur besten Frühstückszeit
mit Tatütata am Haus vorbeiraste,
stöhnte Konrads Vater
30 hinter der Morgenzeitung:
„Immer dieser Lärm!"
Da sagte Konrad: „So, Papa,
jetzt geh ich zum rußigen Schloss
und mache die drei Fiesen fertig.
35 Dann ist endgültig Schluss
mit der Herumgespensterei!"

Paul Maar

Mitten in der Nacht

Keine Ahnung, wo ich bin.
Nichts als Dunkel um mich her,
wie im Bauch von einem Fisch
meilentief im Schwarzen Meer.

Lebt noch jemand außer mir?
Oder bin ich ganz allein?
Diese Stille. Dieses Dunkel.
Gleich beginne ich zu schrein.

Da entdeck ich in der Schwärze
einen schmalen Strich aus Licht.
Das ist meine Zimmertüre!
Alles klar, ich schreie nicht.

Paul Maar

SELBST BO N8 UND FIN IS

R NIGT DER BIBER S N BI EBISS.

DIE EL UND W N SCHN N DAGEGEN,

DIE HALTEN NICHT VIEL VOM ZÄHNEPFLEGEN!

Paul Maar

Paul Maar

Freizeitspaß und Zeitvertreib

Die Zeit vergeht

Dein Schneemann aus dem Januar
lebt sicher nicht das ganze Jahr.
Die Zeit vergeht.

Die Fastnacht bringt der Februar,
5 gesell dich zu der Narrenschar.
Die Zeit vergeht.

Und kommt die Märzensonn heraus,
pack deine Rollschuh wieder aus.
Die Zeit vergeht.

10 Bau im April ein weiches Nest,
denn er bringt uns das Osterfest.
Die Zeit vergeht.

Sag deinem Lehrer doch im Mai,
die Ausflugszeit käm nun herbei.
15 Die Zeit vergeht.

Was soll dir denn der Juni bringen?
Im Freibad schwimmen, plantschen, springen.
Die Zeit vergeht.

Der Juli ruft: Kommt all herbei,
20 denn jeder Kirschbaum hält euch frei!
Die Zeit vergeht.

Lass im August die Schule leer
und fahre weg, vielleicht ans Meer.
Die Zeit vergeht.

25 Nutz die Septemberwinde aus,
hol deinen Drachen aus dem Haus.
Die Zeit vergeht.

Oktober schüttelt kostenlos
Kastanien dir in deinen Schoß.
30 Die Zeit vergeht.

Zünd an in der Novembernacht
Laternen, die du selbst gemacht.
Die Zeit vergeht.

Sei auch für andere stets bereit,
35 besonders in der Weihnachtszeit.
Die Zeit vergeht.

Muth / Veldhaus

Die Theater AG der Grundschule
Leuchtingen lädt ein:

Der Räuber Hotzenplotz

von Otfried Preußler

Die Handlung

Großmutter bekommt zum Geburtstag
eine Kaffeemühle geschenkt.
Die kann ihr Lieblingslied spielen.
Der gemeine Räuber Hotzenplotz
überfällt die Großmutter
und nimmt die Kaffeemühle mit.
Kasperl und Seppel hören,
was geschehen ist. Sie wollen den Räuber fangen
und die Kaffeemühle zurückholen.

Fr. 21. September   17:00 Uhr
Sa. 22. September   15:00 Uhr

Ort: Grundschule Leuchtingen, Aula
Eintritt: 3 Euro

Der Wachtmeister betritt mit Kasperl und Seppel den Garten.
Dort entdeckt er Großmutter auf der Gartenbank
und bleibt erschrocken stehen.

Wachtmeister:	Ach, du grüne Sieben! Ich glaube, da liegt wer …
Kasperl:	Das ist Großmutter!
Seppel:	Großmutter liegt auf der Gartenbank.
Kasperl:	Und ist ohnmächtig! – Aber wenn mich nicht alles täuscht, wacht sie gerade auf …

Großmutter richtet sich langsam empor und sagt leise:

Großmutter:	Hilfe, ich bin beraubt worden. Meine Kaffeemühle, meine schöne Kaffeemühle. Hilfe! Hilfe!
Kasperl:	Was ist denn mit der Kaffeemühle, Großmutter?
Großmutter:	Er hat sie mir weggenommen, er hat sie geraubt … – Der Räuber! Der Räuber Hotzenplotz!
Wachtmeister:	Der Kerl ist ja so gerissen! Seit zweieinhalb Jahren führt er die Polizei an der Nase herum!
Kasperl:	Wissen Sie was, Herr Wachtmeister? Den Räuber Hotzenplotz fangen wir beide – der Seppel und ich! Machst du mit, Seppel?

Otfried Preußler

Ein neuer Sender

„Zi-Za-Zauberhut!"
Lisas Stimme kommt aus einem Pappkarton.
Jetzt taucht ihr Gesicht auf.

„Bong-bong-bong …
5 Hier ist der Fernseh-Sender
ZAUBERHUT:
Wir senden Nachrichten.
Bong-bong-bong …"

„Klasse!", schreit Tom.
10 „Wir spielen Fernsehen!"
Aus dem Haus ruft Lisas Mutter:
„Kinder! Es gibt einen schönen Film im Fernsehen!"

„Wollen wir nicht sehen", ruft Lisa zurück.
„Wir machen selber Fernsehen.
15 Das ist viel spannender."
Lisa holt Papier und einen Bleistift.
Sie schreibt das Programm für den Sender ZAUBERHUT.

Niki wird Sportreporter.
Er berichtet vom Fußball.
20 Tom berichtet vom Zoo.
Lisa zaubert und sagt Sendungen an.
Aus dem Pappkarton ertönt Musik.
Niki hat sein Radio in den Karton gestellt.

Tom verteilt im ganzen Haus die Einladungen.

25 Viele Leute kommen.
Sie sind neugierig auf den neuen Sender.
Die erste Sendung beginnt.
„Bong-bong-bong."

Lisa: „Wir zaubern Fernsehen aus dem Hut,
30 darum ist das Programm so gut."

Niki: „Wir zaubern Räuber, Hexen und Vampire,
Zwerge, Riesen, wilde Tiere."

Tom: „Wir zaubern für den Fernsehzoo
eine Riesen-Hunde ..."

35 Lisa: „Wer das weiß, kriegt einen Preis.
Bong-bong-bong ..."

Ilse Bintig

Emil und der neue Tacho

Emil hat einen Tacho für sein Fahrrad bekommen.
Der Tacho kann viel:
Tageskilometer zählen, Uhrzeit angeben
und Geschwindigkeit messen!
5 Nach der Schule zeigt er ihn seinem Freund Niko.
„Den gleichen hat der Sebastian", sagt Niko.
„Der hat in den ersten beiden Tagen
gleich zwanzig Kilometer geschafft."
„Das schaffe ich auch!", sagt Emil.
10 „Zwanzig Kilometer? Kein Problem!"

Nach dem Essen radelt Emil die Straße rauf und unter,
rauf und runter, rauf und runter. Zwei Kilometer später
fährt er nach Hause und macht seine Hausaufgaben.
Nach den Hausaufgaben fährt Emil
15 mit dem Fahrrad um die ganze Siedlung.
Danach hat er zwei Kilometer mehr auf dem Tacho.
Es fängt an zu regnen. Das macht Emil aber nichts aus.
Die zwanzig Kilometer sind wichtiger.
Den restlichen Nachmittag fährt Emil im Regen
20 ums Haus. Als er nach Hause kommt,
ist er klitschnass und friert.

Seine Mutter steckt ihn gleich in die Badewanne.
Trotzdem ist Emil am nächsten Tag erkältet.
Er hustet und niest und muss im Bett bleiben.
25 Emil ärgert sich. Er wollte doch
in den ersten Tagen zwanzig Kilometer schaffen!

Als der Opa kommt und sich um ihn kümmert,
hat Emil eine gute Idee.
Der Opa fragt Emil nach besonderen Wünschen,
30 und das ist die Gelegenheit für Emil.
Er überredet den Opa, sein Rad zu nehmen
und ihm ein Micky-Maus-Heft zu besorgen.

Aber das ist noch nicht alles, er schickt den Opa
noch zum Bäcker, zum Getränkemarkt und
35 zum Sportplatz, um seine vergessenen Turnschuhe
zu besorgen. Der Opa erledigt alle Aufträge
und kommt völlig erschöpft bei Emil an.
Er schläft sofort in Emils Bett ein.

Emil krabbelt aus dem Bett
40 und schleicht sich nach unten in den Garten.
Er schaut auf den Tacho und seine Augen leuchten.
„Einundzwanzig Kilometer in eineinhalb Tagen!", jubelt er.
„Besser als der Sebastian!"

„Nanu?", fragt seine Mutter.
45 „Wieso bist du nicht im Bett?
Und wo ist der Opa?"
„Der schläft in meinem Bett", erklärt Emil.
„Er hat mich total verwöhnt.
Dafür male ich ihm jetzt ein Bild!"

Bernhard Hagemann

Seifenblasen

Kinder, ihre Lust zu zeigen,
ließen Seifenblasen steigen.
Wie das schimmert im Sonnenschein –
ein'ge groß und ein'ge klein.
Die geblasen mit Durchschnittsmunde,
hielten sich eine volle Sekunde.
Mehrere aber waren dabei,
ja – die hielten sich bis zu zwei!
Eine stieg so hoch wie das Haus,
da stieß sie an, da war es aus.

Theodor Fontane

Luftballon

Luftballon, ich blas dich auf,
dann wirst du kugelrund,
zeigst mir deine Nase,
deine Augen, deinen Mund.
Luftballon, ich halt dich fest
am Mundstück, und ich schau
durch dich hindurch, und alle Welt
erscheint mir himmelblau.

Klaus-W. Hoffmann

Schlangenbeschwörer

Du brauchst:
- einige aufgeblasene Luftballons
- eine Flöte

Vor dieser Schlange brauchst du keine Angst zu haben,
im Gegenteil: Sie ist ein Riesenspaß.

Alle Kinder stellen sich hintereinander auf.
Zwischen dem Rücken des Vordermannes
5 und dem Bauch des Nachfolgenden
wird jeweils ein aufgeblasener Luftballon eingeklemmt.
So werden sie zu einer Riesenschlange verbunden.
Die Schlange setzt sich in Bewegung und versucht,
eine vorher markierte Strecke zu bewältigen.
10 Die Ballons dürfen nicht auf die Erde fallen.

Viel Spaß macht es, wenn einer der Mitspieler
dazu auf der Flöte spielt. Er ist der Schlangenbeschwörer.
Solange die Flöte spielt, bewegt sich die Schlange.
Sobald der Schlangenbeschwörer aufhört,
15 bleibt die Schlange starr stehen.
Beim nächsten Flötenton geht es wieder weiter.

Sybille Günther

Der wasserdichte Willibald

Als sie in ihrem Ferienhaus am Meer
angekommen waren, rannten alle sofort
zum Wasser und sprangen patsch! hinein.
Willi sah ihnen zu.
5 „Es ist herrlich herrlich herrlich!", rief Mama.
„Komm!"
„Ich wart erstmal ein bisschen", sagte er.
Er stand am Ufer und bohrte
seinen großen Zeh in den Sand.
10 Vor ihm im seichten Wasser lag
die ganze Familie und versuchte
ihn hineinzulocken. Vergeblich.
Er war noch nicht fertig mit Nachdenken.
Seine Familie schien offenbar wasserdicht.
15 So viel ließ sich sagen. Denn keiner
war aufgeschwemmt, als sie
nach einer halben Stunde wieder herauskamen.

„Hab ich doch gesagt", sagte Tobi beim Abendessen,
„das ist ein wasserscheuer Schisser."
20 „Lass ihn in Ruh!", sagte Mama.
„Das kommt schon noch, was Willi?", sagte Papa.
„Wenn er nicht reinwill, soll er halt
draußen bleiben, mein Gott!", sagte Tesi.
„Ich hab keine Schwimmhäute, deswegen", sagte Willi.
25 „Was?", fragte Tobi.
„Keine Schwimmhäute", sagte Willi
und spreizte seine Finger ganz weit auseinander.

„Alle haben Schwimmhäute:
der Schwan und die Enten und die Fische
30 und die Frösche zum Beispiel. Aber ich nicht."
Er schlüpfte aus den Sandalen und legte
seinen rechten Fuß auf den Tisch.
Er spreizte seine Zehen. „Keine Schwimmhäute!"
„Spinnst du?", sagte Tobi.
35 „Willi, nimm den Fuß vom Tisch!", sagte Papa.
„Der Hund hat auch keine Schwimmhäute,
zum Beispiel", sagte Tobi.
„Aber er schwimmt trotzdem."
„Aber nicht so gut wie der Seehund", sagte Willi.
40 „Der hat welche."
„Mein Gott, spinnt ihr alle?", sagte Tesi.
„Wasserscheuer Blödmann!", sagte Tobi.
„Tobi! Tesi! Jetzt ist Schluss!", sagten die Eltern.

In der Nacht hatte Willi einen Traum:
45 Er hat so große Schwimmhäute,
dass er auf dem Wasser laufen kann.
Er kann übers Meer gehen und wird
gar nicht nass. Er geht ganz weit hinaus.
Und als Mama ihn ängstlich zurückwinkt,
50 da lacht er laut.
Haha! Ich gehe bis nach Afrika!
Aber da ist plötzlich ein riesiges,
schwarzes Loch vor ihm.
Und mit dem nächsten Schritt fällt er hinein.
55 Es ist das Maul eines riesigen Fisches,
das sieht er noch. Dann wachte er auf.

Rudolf Herfurtner

Computermäuse und Funkhühner

Der Fernsehschlaf

Oft, wenn unsere Eltern motzen,
dass wir täglich zu viel glotzen,
bringen wir sie leicht ins Schwitzen,
weil sie vor der Glotze sitzen,
wenn wir schon einmal erwacht
abends spät nach Mitternacht.

Und bevor sie uns bestrafen,
sie, die vor der Glotze schlafen.
Rufen wir ganz laut im Chor:
„Ihr sitzt ja selbst so lang davor."

Klaus Huber

Wo ist der Computer?

MonitorMonitorMonitor
MonitorMonitorMonitor
MonitorMonitorMonitor
MonitorMonitorMonitor
MonitorMonitorMonitor
MonitorMonitorMonitor

TastaturTastaturTastatur
TastaturTastaturTastatur
TastaturTastaturTastatur   **Maus**

TischTischTischTischTischTischTischTischTischTisch

i   i
s   RechnerRechnerRechnerRechner   s
c   RechnerRechnerRechnerRechner   c
h   RechnerRechnerRechnerRechner   h
b   b
e   DruckerDruckerDruckerDrucker   e
i   DruckerDruckerDruckerDrucker   i
n   n

Der verdrehte Schmetterling

Ein Metterschling
mit flauen Blügeln
log durch die Fluft.

Er war einem Computer entnommen,
dem war was durcheinandergekommen:
irgendein Rädchen,
irgendein Drähtchen,
und als man es merkte,
da war's schon zu spätchen.

Da war der Metterschling
schon feit wort,
wanz geit.
Mit lut er teid.

Mira Lobe

Halbfinale

Valentin, Chris und Kathi
kauern vor dem Computer.
„Halbfinale", brüllt Chris triumphierend.
„Wir sind im Halbfinale!"
5 Chris, Kathi und Valentin jubeln.
Doch plötzlich ist alles schwarz
auf dem Bildschirm.
„Abgestürzt!", schreit Chris.
Dieses dusselige Ding ist abgestürzt.
10 „Und?", fragt Valentin.
„Was heißt hier und?"
Chris weint fast.
„Ich weiß nicht, wie man das wieder hinkriegt.
Das war's mit unserem Spiel."
15 Alle drei glotzen in den schwarzen Bildschirm.
„Wir hätten das Turnier
bestimmt gewonnen", mault Valentin.

„Was sollen wir jetzt nur machen?",
stöhnt Chris.

20 „Und wenn wir Fußball spielen?",
schlägt Kathi vor.

„Geht doch nicht", faucht Valentin sie an.

„In echt, mein ich", sagt Kathi leise.

„Draußen hab ich gedacht."

25 Valentin und Chris sehen Kathi an.
Dann sagen sie: „Ach so."

„Wir können ja auch ein Turnier machen",
überlegt Valentin.

„Wir tun so, als wären wir Computermännchen."

30 „Au ja", sagt Chris
und greift sich den Ball.

„Vielleicht schaffen wir's bis zum Halbfinale."

Heidemarie Brosche

Sonntag, 22. März 2009, 11.00 – 16.00 Uhr	
11.30	**Die Sendung mit der Maus**
12.00	**Das Sonntagsmärchen im KI.KA** Das Märchen vom Däumling
13.20	**Fortsetzung folgt – Die Dokumentation** Ronaldinho, die Minenratte
13.50	**Sweethearts**
14.00	**Ein Engel für alle** 14. Geldwäsche
14.15	**Käpt'n Blaubärs un- glaublichstes Abenteuer**
15.30	**Classic Cartoon – Tom, Jerry & Co**

Was kommt heute im Fernsehen?

Wenn du fernsehen willst,
schau dir vorher ein Programmheft an.
Nicht alle Sendungen
sind für Kinder geeignet.
Es gibt aber extra den Kinderkanal KI.KA.
In manchen Beiträgen kannst du
sogar eine Menge lernen.
Besonders gut geeignet
ist die „Sendung mit der Maus".
Auch im Internet kannst du dir
die tollen Sachgeschichten ansehen.
Du findest sie unter www.wdrmaus.de

12.00 KI.KA	**Kinder**

Das Märchen vom Däumling
tschechoslowakisch-sowjetischer Märchenfilm 1985

12.00 KI.KA Jeder nennt ihn „Däumling": den kleinen Bauernjungen, der erst acht Jahre alt ist und bei seiner bösen Stiefmutter lebt. Bei der hat er nichts zu lachen und deswegen macht sich der kleine Däumling auf in die weite Welt. Auf seinem Weg durch das Königreich findet der fröhliche und hilfsbereite Junge viele neue Freunde. Er bekommt sogar eine Zauberflöte geschenkt, die alle zum Tanzen bringt. Und mit Hilfe seiner Flöte hilft der Däumling dem König, denn der Teufel will die Königstochter holen! **bis 13.20**

Worüber der Franz unzufrieden ist

Der Franz ist mit seiner Mama
und mit seinem Papa fast immer zufrieden.
Nur wenn es ums Fernsehen geht, muss er sich
über die beiden ärgern. Weil sie Fernseh-Muffel sind!
5 Kabel-Fernsehen haben sie nicht legen lassen,
eine Satelliten-Schüssel wollen sie auch nicht.
Bloß drei Programme kann der Franz sehen.
Oft beschwert er sich bei der Mama:
„Alle Kinder haben Kabel. Oder eine Satellitenschüssel.
10 Zwanzig Programme und mehr können die sehen.
Und ich bin dauernd der Blöde."
Der Franz kommt sich wie „der Blöde" vor,
weil die Kinder in der Schule
immer von den Filmen reden,
15 die sie im Fernsehen angeschaut haben.
Und er kann dann nie mitreden.
Und weil die Kinder sehr oft und sehr lang davon reden,
kann er sehr oft nicht mitreden
und muss sehr lang den Mund halten.
20 Der Konrad hat ihn auch schon gefragt,
ob seine Eltern so arm sind,
dass sie sich keine Satelliten-Schüssel
und keinen Kabel-Anschluss leisten können.
Oder ob sie zu den Knackern gehören,
25 die gegen das Fernsehen sind.
Der Franz mag nicht, dass man seine Eltern für arm hält.
Oder für Knacker. Und den Mund halten,
wenn andere reden, mag er auch nicht.

Christine Nöstlinger

Unfall mit Folgen

Jan rennt zur Playstation.
Er muss sein neues Spiel
jetzt sofort ausprobieren.
Schnell schaltet er das Gerät ein.
5 Ein kleiner Fuchs ist zu sehen.
Er soll ein Rennen fahren.
Auf dem Motorrad.
Der Fuchs fährt mit Sonnenbrille
und Sturzhelm.
10 Jan drückt auf die Knöpfe.
Der Fuchs fährt schnell,
aber nicht schnell genug.
„Du dummer Fuchs!", mault Jan.
Jan drückt ganz fest auf die Knöpfe.
15 „Gib Gas!", schreit er.
Der Fuchs rast durch die Landschaft.
Da gerät er ins Schleudern und stürzt.
Jan starrt wütend auf den Bildschirm.
Und traut seinen Augen nicht.
20 Der Fuchs ist weg.
Nur das Motorrad ist noch da.

Plötzlich spürt Jan etwas auf seiner Schulter.
Vorsichtig dreht er den Kopf.
Und sieht dem Fuchs ins Gesicht.
Er hat Schrammen, und seine Sonnenbrille
25 ist verrutscht. Jan schreit entsetzt auf.
„Hör zu", sagt der Fuchs,
„ich fahr gern schnell, aber das eben war zu viel.
Mach langsamer, sonst spiel ich nicht mehr mit."
Jan schluckt erschrocken.
30 Da ist der Fuchs schon wieder weg.
Jan schaut verwirrt zum Bildschirm.
Und tatsächlich!
Der Fuchs wuchtet gerade das Motorrad hoch.
Behutsam drückt Jan auf die Knöpfe.
35 Der Fuchs steigt auf.
Bevor er losfährt, dreht er seinen Kopf zur Seite
und zwinkert Jan zu.
Da zwinkert Jan zurück.

Heidemarie Brosche

Geburtstagspost

Lea kam ins Wohnzimmer gesaust.

„Mama, wo ist das rosa Tonpapier?", rief sie eifrig.

„Das rosa Tonpapier? Weg! Ich habe es

für die Fensterbilder gebraucht. Warum fragst du?",

5 wollte Mama wissen.

„Ich brauche es für meine Geburtstagseinladung.

Du hast mir immer so schöne Karten daraus gemacht",

sagte Lea enttäuscht.

In diesem Augenblick stürmte Felix, ihr Zwillingsbruder, herein.

10 „Mama, ich brauche das blaue Tonpapier für meine Einladungen!", rief er.

„Tut mir leid", sagte Mama, „kein Schnipselchen ist mehr übrig."

„Schade!", sagte Felix, „ich wollte sie morgen verteilen."

Lea nagte auf ihrer Unterlippe. „Die Einladung von Tante Tine,

ist die nicht mit einem Emil oder so gekommen?

15 Wie geht das denn?"

„Es heißt E-Mail!", quiekte Felix, „elektronische Post!

Coole Idee! Das machen wir!"

„Und", fragte Mama, „hast du die Adressen?"

„Ja", grinste Felix,

20 „in meinem neuen Freunde-Buch sind sie alle drin."

„Na, dann steht dem nichts mehr im Wege", meinte Mama,

„Lea, hast du die Adressen auch?"

Aber Lea hielt ihrer Mutter nur triumphierend

ihr Freunde-Buch unter die Nase.

25 „Gut, dann tippen wir jetzt gleich den Text

und verschicken ihn", sagte Mama,

„und bei einer E-Mail kommt es glücklicherweise

nicht auf rosa oder blaues Tonpapier an."

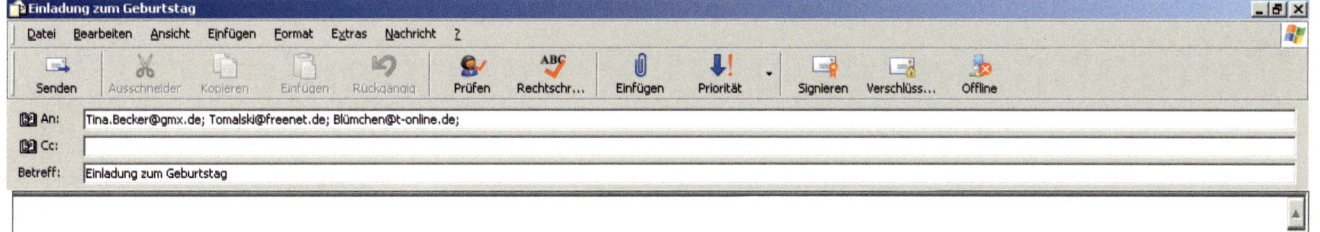

Hallo! Dear friends!

Hiermit möchten wir euch zu unserer Geburtstagsfeier
am nächsten Mittwoch einladen.
Seid bitte um 14:30 Uhr bei uns zu Hause.
Ihr braucht kein Schwimmzeug, aber zieht feste Schuhe an.
5 Wir gehen nämlich in den Wald.
Mama bereitet eine Schnitzeljagd vor.
Nein, dabei jagen wir keine Schnitzel.
Mama legt eine Spur aus kleinen Holzstückchen,
die heißen Holzschnitzel.
10 Außerdem gibt es ein tolles Picknick.
Damit wartet unser Vater irgendwo im Wald.
Aber zuerst müssen wir ihn finden.
Und dann gibt es auch noch einen Schatz ...
Wenn es regnet, machen wir bei uns Spiele,
15 Topfschlagen, Blinde Kuh und so.
Mama sagt, so hat sie früher immer gefeiert.
Und das hätte viel Spaß gemacht.
Eure Eltern können euch um 18:30 Uhr wieder bei uns abholen.
Sagt uns bitte Bescheid, ob ihr kommen könnt.

20 Wir freuen uns schon!
Lea und Felix

Weltenbummler und Reiseabenteurer

Deutschland: Herzlich willkommen!

Ihre Fahrtmöglichkeiten				
Bahnhof/Haltestelle	Datum	Zeit	Dauer	Umst.
Köln Hbf	Di, 14.04.09	ab 10:13	3:52	0
Paris Nord		an 14:05		
Köln Hbf	Di, 14.04.09	ab 12:13	3:52	0
Paris Nord		an 16:05		
Köln Hbf	Di, 14.04.09	ab 12:18	6:02	2
Paris Est		an 18:20		
Köln Hbf	Di, 14.04.09	ab 13:17	4:48	3
Paris Est		an 18:05		
2 Erwachsene, 2. Klasse; 1 Kind, 2. Klasse				

Türkei: hosgeldiniz

USA: welcome!

Hotel Alpenrose

Kinder-Erlebnis-Programm

IM WINTER

- Schneemann- und Iglubauen
- kostenloses Rodeln
- Winterspielplatz mit Rutschen und Geräten
- Kinder-Schihang

Frankreich: les bienvenues!

IM SOMMER

- Felsenburg mit unterirdischen Gängen
- Kletterturm
- Fackelwanderungen
- Bergabenteuertour
- Ponyreiten
- Sommerrodelbahn
- Grillfeste

Bella Venezia

Hallo Mama,

Venedig ist toll. Zwischen den Häuserreihen gibt es keine Straßen, nur Wasser. Eine Welle wirft aber die Häuser nicht um. Die Häuser stehen hier auf dicken Holzstämmen. Das Eis schmeckt hier auch super. Ich kann auch schon italienisch: Dov'è Mama heißt nicht: Doofe Mama, sondern: Wo ist Mama? Ich vermisse dich.

Viele Grüße Vinni

ITALIA

Anja Susemann

Blumenstraße 15

39465 Immental

Germany

Tansania:
Karibu

Norwegen:
Velkommen!

Argentinien:
bienvenido!

Italien:
benvenuto!

China:
huan ying!

Reise
reisen
Reiseplan
Reisepass
Reiseprospekt
Reiseproviant
Reiseintopf
Reisebuch
Reisebüro
Reisebus
Reisezeit
Reiseziel
Reiseabenteuer
Reiseabenteurer

Welt
Welten
Weltenbummel
Weltenbummler
Weltenbummlerreise
Weltenbummlerreisebericht
Weltenbummlerreiseabenteuerbericht
Weltenbummlerreisebericht
Weltenbummlerreise
Weltenbummler
Weltenbummel
Welten
Welt

Reiseabenteuer - A B C

A usflug machen

B erge erklimmen

C omics lesen

D inopark besuchen

E rlebnisklettern in den Alpen

F otos schießen

G ruselgeschichten am Lagerfeuer hören

H öhlentour mitmachen

I ndianerfest feiern

J apan entdecken

K anu fahren

L ange aufbleiben

M uscheln sammeln

N acktschnecken beobachten

O stfriesland auf dem Rad erkunden

P onyreiten gehen

Q uatsch machen

R uinen besichtigen

S andburgen bauen

T heater spielen

U rlaubskarte schreiben

V om Dreimeter-Brett springen

W andern gehen

X anten besichtigen

Y aks im Zoo besuchen

Z eit genießen

Das kleine Känguru auf Abenteuer

Da kommt das kleine Känguru
aus der Tür, mit einem Koffer
in der Hand.
„Nanu", sagt die Känguru-Mutter.
5 „Willst du verreisen?"
„Ja. Ich will Abenteuer erleben",
sagt das kleine Känguru.
Die Känguru-Mutter fragt:
„Und dazu braucht man einen Koffer?"
10 „Das ist mein Abenteuerkoffer.
Da ist alles drin,
was man für Abenteuer braucht",
sagt das kleine Känguru.
Es öffnet den Koffer.
15 „Schau mal: ein Seil,
ein Fernglas und eine Taschenlampe!"

„Viel Spaß unterwegs!",
sagt die Känguru-Mutter.
„Und geh nicht zu weit weg.
20 Um halb eins gibt es Mittagessen."
Das kleine Känguru fragt:
„Soll ich dir was mitbringen?
Einen Piratenschatz?
Eine Kiste voller Goldstücke?
25 Oder ein Kästchen mit Edelsteinen?"

Die Känguru-Mutter lacht und sagt:
„Bring mir lieber
einen schönen Strauß mit,
dann bin ich schon zufrieden."
30 „Einen Strauß?
Wird gemacht!",
ruft das kleine Känguru
und hüpft los.

Zuerst hüpft das kleine Känguru
35 zu seiner Freundin,
der Springmaus.
Abenteuer erlebt man nämlich
am besten mit Freunden.
„Hallo Springmaus", sagt es.
40 „Jetzt gehen wir zusammen
auf Abenteuer."
„Was ist denn Abenteuer?",
fragt die Springmaus.
Sie kennt sich mit solchen Sachen
45 nicht so gut aus.
„Bei einem Abenteuer
muss man einen hohen Berg besteigen
oder einen wilden Fluss
durchqueren
50 oder in eine dunkle Höhle klettern",
erklärt das kleine Känguru.
„Ach ja: und einen Strauß
muss man mitbringen."

Paul Maar

129

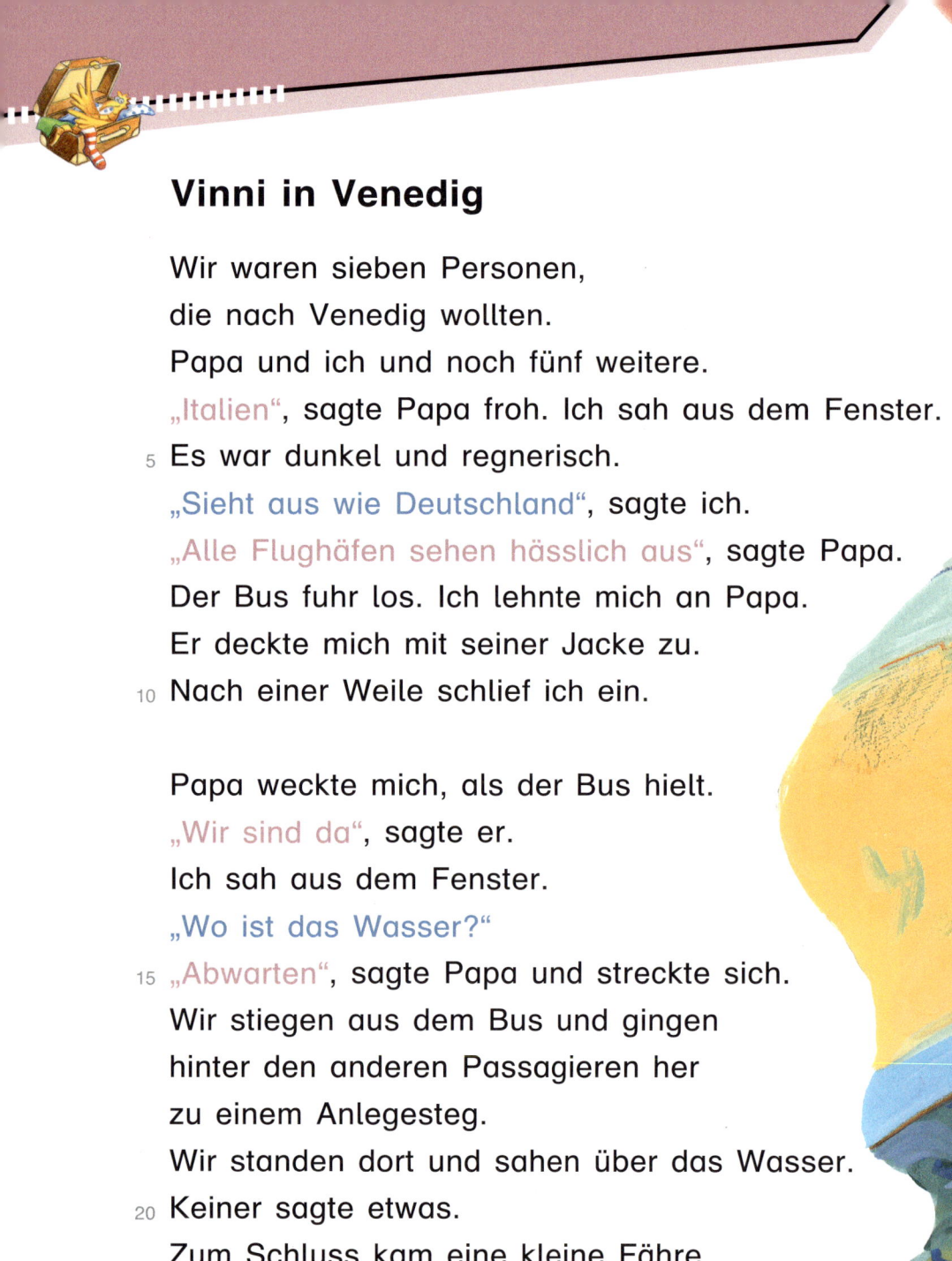

Vinni in Venedig

Wir waren sieben Personen,
die nach Venedig wollten.
Papa und ich und noch fünf weitere.
„Italien", sagte Papa froh. Ich sah aus dem Fenster.
5 Es war dunkel und regnerisch.
„Sieht aus wie Deutschland", sagte ich.
„Alle Flughäfen sehen hässlich aus", sagte Papa.
Der Bus fuhr los. Ich lehnte mich an Papa.
Er deckte mich mit seiner Jacke zu.
10 Nach einer Weile schlief ich ein.

Papa weckte mich, als der Bus hielt.
„Wir sind da", sagte er.
Ich sah aus dem Fenster.
„Wo ist das Wasser?"
15 „Abwarten", sagte Papa und streckte sich.
Wir stiegen aus dem Bus und gingen
hinter den anderen Passagieren her
zu einem Anlegesteg.
Wir standen dort und sahen über das Wasser.
20 Keiner sagte etwas.
Zum Schluss kam eine kleine Fähre
und hielt am Steg. Wir gingen an Bord,
und das Boot fuhr los.
Ich staunte. Auf beiden Seiten vom Kanal ragten Häuser
25 aus dem Wasser. Große, alte Häuser.
Es gab keine Straßen, keine Bürgersteige.
Die Türen gingen direkt zum Wasser raus.

„Einfach zum Reinplumpsen", sagte ich.

„Ja", sagte Papa, „einfach zum Reinplumpsen.

30 Hast du jemals etwas so Schönes gesehen?
Die ganze Stadt ist wie eine Ansichtskarte!"

Ich schaute und schaute.

Die Häuser waren schmutzig und voller Risse,
aber trotzdem schön.

35 Vornehm und verfallen gleichzeitig.

Obwohl ich Bilder von Venedig gesehen habe,
war es fast unwirklich. Und etwas unheimlich.

Es war ganz dunkel draußen, und in fast
allen Häusern waren die Lichter aus.

40 „Ist niemand zu Hause?", fragte ich.

„Ich glaube, dass die meisten Häuser
Sommerhäuser sind", sagte Papa.

„Sommerhäuser", wunderte ich mich.

„Ja", sagte Papa.

45 „Das sind eher Schlösser", sagte ich.

„Sommerschlösser!"

„Es gibt keine Autos in Venedig", erzählte Papa.

„Sie haben stattdessen Boote. Polizeiboote,
Feuerwehrboote, Krankenwagenboote …"

50 „Sieh mal!", sagte ich und zeigte
auf einen Seitenkanal. „Der ist so schmal,
dass man nicht in ihm rudern kann."

„Deswegen haben sie Gondeln hier", sagte Papa.

Petter Lidbeck

Meeresstille

Tiefe Stille herrscht im Wasser,
ohne Regung ruht das Meer.

Und bekümmert sieht der Schiffer
glatte Fläche rings umher.

Keine Luft von keiner Seite!
Todesstille fürchterlich!

In der ungeheuern Weite
regt keine Welle sich.

Johann Wolfgang von Goethe

Glückliche Fahrt

Die Nebel zerreißen,
der Himmel ist helle.

Und Äolus löset
das ängstliche Band.

Es säuseln die Winde,
es rührt sich der Schiffer.

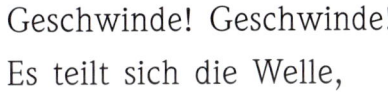

Geschwinde! Geschwinde!
Es teilt sich die Welle,

es naht sich die Ferne;
schon seh ich das Land!

Johann Wolfgang von Goethe

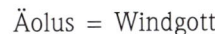

Äolus = Windgott

Die tollkühnen Abenteuer von JanBenMax

Es ist wieder Mittwoch, die Mutter ist aus dem Haus.
JanBenMax sind allein. Max ist vier, Ben sechs und Jan acht Jahre
alt. Jans Minitelefon klingelt. Ein neuer Geheimauftrag erwartet sie.

Ben und Max halten vor Aufregung die Luft an.

5 Das letzte Mal, als sie über das Minitelefon angerufen wurden,
bekamen sie den Auftrag, nach Mexiko zu reisen.
Ben möchte am liebsten in die Vergangenheit,
um ein paar Dinosaurier zu besuchen.
Während Max zu den Rittern will, weil er da noch nicht gewesen ist.

10 „Aha", sagte Jan und nimmt den Finger wieder vom Ohr.
Er sieht seine Brüder an und kneift dabei ein Auge zu.
„Wohin? Wohin?!", ruft Max.
„Warum kneifst du ein Auge zu?", fragt Ben.
„Weil wir zum Mond müssen", sagt Jan, und jetzt sehen

15 seine Brüder, dass Jan ein bisschen guckt wie der Mond,
wenn der Mond voll und rund am Nachthimmel zu sehen ist.
Sie nehmen die Kissen vom Sofa und schieben die Stühle
zusammen und bauen so das Raumschiff.
Sie hämmern und bohren, sie schweißen und malen.

20 In zehn Minuten ist das Raumschiff startbereit.
„Nehmen wir direkten Kurs auf den Mond?", fragt Ben.
Jan überlegt nicht lange.
„Nein, wenn wir schon mal oben sind,
sollten wir uns erst mal die Welt anschauen."

25 Unter ihnen verschwindet Europa,
und bald schweben sie über Ägypten hinweg
und haben die Pyramiden unter sich.

„In den Pyramiden liegen Tote", sagt Jan,
der in einem Buch alles über Pyramiden gelesen hat
30 und zwei Tage lang Gänsehaut hatte.
„Jetzt aber zum Mond!", ruft Max, der Tote sehr
gruselig findet. Das Raumschiff erreicht Lichtgeschwindigkeit
und schießt schnurgerade nach oben.
Es wird so schnell, dass den Jungs die Zähne klappern
35 und sie unter ihren Helmen neue Frisuren bekommen.
Bald schon durchbrechen sie die Wolkendecke.
Bald schon ist es stockdunkel um sie herum.
Sogar die Sterne sind verschwunden.
„Höher!", ruft Max. „Höher!", rufen Jan und Ben.
40 Es geht höher und höher, und als sie zurückschauen,
ist die Erde unter ihnen nur noch ein Tischtennisball,
der lautlos im Nichts schwebt. Dafür schwebt der Mond
groß und gewaltig über ihnen. „Hallo Mond", sagt Max.
„Bereitmachen zur Landung!", sagt Jan.
45 Bevor Ben etwas sagen kann, bricht einer der Hebel ab,
als wäre er ein Streichholz, und genau da
klemmt auch einer der Knöpfe, und es knallt und pufft
aus den Antriebsraketen, so dass das Raumschiff
Seitenlage bekommt und am Mond vorbeischießt
50 wie ein Korken aus einer Sektflasche, die zwei Tage
lang geschüttelt wurde.
„He, das war eben der Mond", sagt Max und zeigt aus
einem der Fenster.
„Das wissen wir doch", sagt Ben.
55 „Was machen wir jetzt?", fragt Jan.
„Die Lenkung ist kaputt, wir können nicht umdrehen.
Wir stecken in der Klemme." ...

Zoran Drvenkar

Schneemänner und Sandburgen

Ich bastle gerne Igel. (Melina, 7 Jahre)

Ich sammle gerne Kastanien, kann es aber nicht leiden,
wenn mir die Kastanien auf den Kopf fallen. (Diana, 7 Jahre)

Ich finde es klasse, wenn die Blätter
über den Boden fliegen. (Jan, 7 Jahre)

Ich liebe es, dass man mit der
Zunge Schneeflocken fangen kann. (Amir, 7 Jahre)

Ich mag es gar nicht, wenn wir an Weihnachten Fisch essen.
Das finde ich schrecklich. (Janina, 6 Jahre)

Ich verkleide mich gerne und mag Fasching feiern.
(Denise, 7 Jahre)

Ich schaue so gerne die Schneeglöckchen an.
(Patrick, 6 Jahre)

Ich freue mich auf den Osterhasen. *(Luca, 8 Jahre)*

Wenn alles blüht, bekomme ich Heuschnupfen und
muss dann immer so oft niesen. *(Leo, 7 Jahre)*

Ich liebe die Sommerferien.
(Christin, 7 Jahre)

Mich nerven im Sommer die Wespen,
Hornissen und Zecken. *(Nele, 6 Jahre)*

Ich baue am Strand große Sandburgen und
plansche gern im Meer. *(Leif, 7 Jahre)*

Was ist das für eine Zeit?

Die Sonne scheint noch mit Kraft
und breitet goldenes Licht über die Weiden.
Der Himmel hat eine seidenblaue Farbe.
An der warmen Mauer hinter dem Haus
5 reifen die blauen Trauben.
Im Garten blühen Astern und Sonnenblumen.
Die Hamster schleppen Getreidekörner
in den Bau und die Eichhörnchen
buddeln Löcher für Nüsse und Samen.

10 Aber auf einmal fegen wilde Winde
über die Felder.
Regen peitscht aus dunklen Wolken.
Die Luft hat einen herben Geruch
nach Rauch und nasser Erde.
15 Die Tage werden immer kürzer.
Kalter Nebel wabert uns entgegen.
Manchmal haucht der Frost
Raureif auf die Wege.
Es dauert nicht lange
20 und der Winter ist da.

Katharina Berg

Pilze suchen

Schau hier – die vielen Champignons,
so rund und weiß und glatt.
Da machen wir, da machen wir
heut Champignonsalat.

5 Und schau mal hier – ein Pfifferling,
versteckt im grünen Moos.
Der Pfifferling schmeckt wunderbar.
(Ist leider nicht sehr groß.)

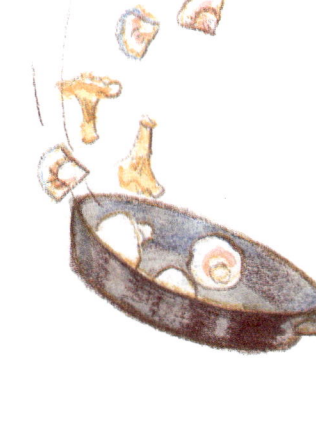

Und hier - ein schöner Butterpilz
10 mit honiggelbem Hut.
Den nehmen wir, den nehmen wir,
denn der schmeckt auch sehr gut.

Den Fliegenpilz, den Fliegenpilz,
den lässt du besser stehn!
15 Sonst kann es dir, sonst kann es dir
ganz fürchterlich ergehn.

Lothar Quinkenstein

Der Drachen

Frosch und Kröte wollten einen Drachen steigen lassen.

Sie liefen auf eine Wiese, wo der Wind blies.

„Unser Drachen wird hoch fliegen", sagte Frosch.

„Komm, Kröte, ich halte die Schnur.

5 Du rennst mit dem Drachen los."

Kröte rannte über die Wiese,

so schnell sie konnte. Zuerst stieg der Drachen auf.

Dann plumpste er auf die Erde.

Drei Spatzen saßen auf einem Busch und lachten.

10 Dann meinten sie: „Der Drachen wird nie fliegen.

Der taugt nichts." Kröte rannte zu Frosch zurück.

„Der Drachen taugt nichts", klagte sie. „Ich mag nicht mehr."

„Wir versuchen es noch mal", sagte Frosch.

„Schwenke den Drachen über deinen Kopf."

15 Kröte rannte wieder über die Wiese.

Sie schwenkte den Drachen über ihren Kopf.

Er stieg in die Luft, fiel aber wieder herunter.

„Der Drachen ist ein Witz",

lachten die Spatzen. Kröte lief zu Frosch.

20 „Dieser Drachen ist ein Witz", sagte sie.

Frosch sagte: „Schwenke den Drachen

über den Kopf und hüpfe dabei."

Kröte rannte über die Wiese.

Sie schwenkte den Drachen und hüpfte.

25 Der Drachen stieg in die Luft,

aber gleich darauf lag er wieder im Gras.

„So ein Schrott!", riefen die Spatzen.

„Der Drachen ist Schrott", sagte Kröte.

„Kröte, bitte", sagte Frosch,

30 „lass es uns noch einmal versuchen!

Schwenke den Drachen über den Kopf.

Hüpfe und schrei: Drachen, flieg!"

Kröte schwenkte den Drachen und hüpfte

und schrie: „Drachen flieg!"

35 Da flog der Drachen hoch.

„Wir haben es geschafft!", rief Kröte.

„Na also", sagte Frosch.

Die Spatzen flogen auf. Aber so hoch

wie der Drachen konnten sie nicht fliegen.

Arnold Lobel

Herbstwind

Erst spielt der Wind nur Fußball
mit Vaters bestem Hut,
dann schüttelt er die Bäume,
die Blätter riechen gut,

und lässt die Drachen leben
und wringt die Wolken aus.
Der Herbstwind lässt uns beben,
wir gehen nicht nach Haus.

Günter Ullmann

Erntedank

Das Erntedankfest ist ein sehr altes Fest.
Seit Menschen auf den Feldern arbeiten
und Vieh züchten, danken sie für die Natur
und ihre Schätze. Damit sind das Obst,
Gemüse und Getreide gemeint,
das wir im Herbst ernten.

Früher mussten die Menschen
bei der Ernte hart arbeiten.
Es gab noch nicht so viele Maschinen
wie heute und die Menschen
arbeiteten meistens nur mit den Händen.
Eine gute Ernte war wichtig,
damit die Familien im Winter davon leben konnten.

Erntedank gibt es in vielen Ländern
Frankreich: Erntefeste werden
nach der Weinlese gefeiert.

USA: hier heißt das Erntedankfest *Thanksgiving*
und ist ein Feiertag. Familien treffen sich
zum Essen. Die Hauptspeise ist ein gefüllter Truthahn.

China, Vietnam: Erntedank wird
nach dem Mondkalender gefeiert.
Alle Familien kommen zusammen,
betrachten den Mond und essen Mondkuchen.

Martin
- arbeitet als Soldat für den König
- wohnt in einem schönen Haus
- ist gut gekleidet
- hat reichlich zu essen

Bettler
- hat keine Arbeit
- sein Haus ist zerstört
- trägt Lumpen
- hat Hunger

Martin und der Bettler lebten vor sehr langer Zeit.
Eines Tages trafen die beiden sich.
Es war ein eisig kalter Tag.
Der Bettler saß in seinen Lumpen
5 vor dem Stadttor.
Martin war auf dem Weg in die Stadt.
Von seinem Pferd sah er auf den Bettler
herunter und bekam Mitleid mit ihm.
Doch Martin trug weder Geld
10 noch etwas zu essen bei sich.
Da teilte er mit seinem Schwert
seinen langen, warmen Mantel in zwei Hälften.
Die eine Hälfte legte er dem Bettler
um die Schultern. Dankbar wickelte sich
15 der Bettler darin ein und Martin
setzte seinen Ritt fort.
In der Nacht darauf träumte Martin,
Christus selbst habe dem Bettler den Mantel
gegeben. Das nahm Martin als Zeichen.
20 Er verließ das Militär, um noch mehr Gutes
für die Menschen tun zu können.

Nikolaus

Aus dem Leben des Bischofs Nikolaus

In alten Zeiten, weit entfernt,
– hat jeder Schüler mal gelernt –
da war ein Bischof Nikolaus,
der kam zu Arm und Reich ins Haus.
Er half den Kranken in der Not
und schenkte allen Korn für Brot.
Den Frauen hat er in der Nacht
drei Beutel Gulden mitgebracht.
Der Bischof mochte Kinder gerne,
und schenkte allen Mandelkerne.
Wir folgen seinem schönen Brauch
und schenken Mandelkerne auch.
Noch heute denken wir daran,
was Nikolaus einst hat getan.

Katharina Berg

Der Nikolaus ist für alle da

„Morgen kommt der Nikolaus!", ruft Jan.
„Bist du dafür nicht zu groß?", fragt Mama.
Jan ist schon sieben.
„Kommt der Nikolaus nicht zu allen?", fragt er.
5 Am nächsten Tag wartet Jan bis abends am Fenster.
Doch kein Nikolaus weit und breit!
Sicher ist Mama auch traurig.
Plötzlich hat er eine Idee.

Heimlich zieht Jan den roten Bademantel an.
10 Aus der Wattedose nimmt er Watte.
Aus der Klebetube drückt er Kleber. Die Watte klebt prima.
Jan sieht in den Spiegel. Fast wie ein echter Bart.
Er holt eine Einkaufstüte.
So eine Öko-Tüte aus Stoff.
15 Die sieht beinahe aus wie ein Sack.
Jan guckt in den Kühlschrank.
Da sind drei Orangen und eine Wurst.
Er findet auch etwas Schokolade. All das
steckt er in die Tüte. Dann geht er leise
20 aus dem Haus. Und er klopft von draußen an die Tür.

Als Mama aufmacht, sieht sie sehr erstaunt aus.
„Ich bin der Nikolaus", ruft Jan mit ganz tiefer Stimme.
„Ich komme zu Großen und Kleinen.
Waren Sie denn brav?"
25 „Ich – ich glaube schon", sagt Mama ängstlich.
„Wollen mal sehen, was ich in meiner Öko-Tüte habe",
brummt Jan-Nikolaus. „Äh, in meinem Sack."
Er gibt Mama die Schokolade, die Orangen
und die Wurst. Mama freut sich. Dann fällt ihr ein:
30 „Oje! Jetzt hab ich dem Jan erzählt,
Sie kämen nur zu den ganz Kleinen!"
„Geben Sie ihm doch die Schokolade",
meint Jan-Nikolaus.
„Das ist eine gute Idee!", sagt Mama
35 und zwinkert Jan-Nikolaus zu.

Antonia Michaelis

Bärenweihnacht

Vor langer, langer Zeit, da hielten die Bären
noch keine Winterruhe. Tag für Tag streiften sie
durch die Wälder und suchten sich ihr Futter, auch im Winter.
Damals lebte ein junger Bär in einer Höhle unter mächtigen Felsen.
5 Den ganzen Tag hatte er nichts zum Fressen gefunden
und so konnte er vor lauter Hunger nicht schlafen.
Der Bär kroch aus seiner Höhle heraus, kletterte auf die Felsen
und schaute in die Weite. Aber wohin er auch blickte,
er entdeckte kein Tier. Nichts regte sich in dieser
10 eisigen Winternacht, alle schliefen in ihren Verstecken.
Da sah der Bär in der Ferne ein schwaches Licht.
Vielleicht ein Hirtenfeuer? Hungrig trabte der Bär los.
Bald konnte er die Schafe riechen.

Als der Bär zur Weide kam, begann er zu schleichen.
15 Ein Lamm hatte sich von der Herde entfernt. Es schien
keine Gefahr zu spüren. Der Bär duckte sich und wollte
das Lamm mit einem Sprung packen … da erhellte sich der Himmel,
ein wundersamer Gesang erfüllte die Luft.
Der Bär stand wie gebannt da. Er lauschte dem Lied der Engel.
20 Hunger und Lamm waren vergessen. Als der Gesang verstummte
und die Engel verschwunden waren, kam Bewegung
in die Menschen. Sie trieben die Schafe zusammen
und brachen auf. Wie im Traum lief der Bär der Herde nach,
über Felder und vereiste Bäche. Die Nacht war hell geworden.
25 Ein Stern leuchtete über einem Stall, und wieder
hörte der Bär den wundersamen Gesang.

Die Luft schien erfüllt von süßem Duft.
Der Bär dachte an Honig.
Von Weitem schon schaute der Bär in den Stall hinein.
30 Eine Frau saß dort, mit einem Kindlein
in ihren Mantel gewickelt. Mild leuchtete
das Himmelslicht durch den ganzen Stall.
Die Frau blickte auf und sah den Bären.
Sie wusste sofort, was ihm fehlte. Sie winkte ihn heran.
35 Scheu und zögernd kam der Bär näher.
Menschen und Schafe wichen ängstlich zurück.
Aber die Frau schaute den Bären ruhig an
und streckte ihm ein Zweiglein mit roten Beeren hin.

Sogleich begann er davon zu essen, und sein Bärenherz
40 zitterte vor Freude über die Süße und den Duft.
Die wenigen Beeren reichten auf wunderbare Weise aus,
seinen Hunger zu stillen.
Mit einem leisen Brummen bedankte sich der Bär
und ging zurück zu seiner Höhle.
45 Er legte sich hin und fiel in einen tiefen Schlaf.
Erst als es Frühling wurde, wachte er auf.

Seit dieser Nacht ruhen alle Bären
den ganzen Winter hindurch.
Und seit dieser Nacht essen sie
50 für ihr Leben gern süße, rote Beeren.

Brigitte Frey Moret

Der Spatz am Vogelhaus

Personen: Rotkehlchen, Spatz, Meise
Bühnenbild: Winterlandschaft mit einem Tisch als Vogelhaus
Eingangsszene: Rotkehlchen und Meise irren umher.

Rotkehlchen: O weh, o weh, bei so viel Schnee
                  finde ich nichts mehr zu fressen.
                  Kein Würmchen gibt es weit und breit.

Meise: Wie hart ist doch die Winterzeit.
                  Auch ich, ich habe längst vergessen,
                  wie dicke Würmer schmecken.

Rotkehlchen: Komm, wir fliegen zum Vogelhaus.
                  Vielleicht sollten wir sehn,
                  ob die Menschen an uns denken.

Meise: Glaubst du, dass sie mir Würmer schenken?
                  Oder Sonnenblumenkerne?

Rotkehlchen: Daran pick ich auch sehr gerne.
                  Lass uns fliegen, es ist nicht weit.

(Rotkehlchen und Meise schwirren hinüber zum Vogelhaus.)
Meise: Wie hart ist doch für Vögel die Winterzeit. *(lässt sich nieder)*
Rotkehlchen: *(begutachtet das Vogelfutter)* Rosinen, hm, wie lecker!
Meise: Körner und Flocken für alle Geschmäcker.
Spatz: *(drängelt Meise beiseite)* He, mach Platz!
                  Ich möchte auch picken.
Meise: *(rückt ein winziges Stück beiseite)* Musst du mir
                  deshalb die Federn knicken?

Spatz:	*(drängelt wieder)* Platz für den Spatz!
Meise:	Halt die Klappe und sei leise.
Spatz:	Wer sagt denn das?
Meise:	Na, ich, die Meise.
Spatz:	*(jammert)* Ich bin ein Spatz, der furchtbar hungert.
	Ich möchte bloß ein bisschen picken.
Meise:	*(rückt noch ein bisschen beiseite)* Na dann, fang an!
Rotkehlchen:	Glaubst du etwa dem Dicken?
	Glaubst du, dass der hungert?
	Du, der lügt. Der lungert
	häufig hier am Vogelhaus herum.
Spatz:	*(leise zum Publikum)* Zu dumm!
	(laut) Ich bin der Spatz!
Rotkehlchen:	*(empört)* Wir waren zuerst hier!
	Jetzt ist es ziemlich eng.
	Geht das in dein Spatzenhirn rein?
Spatz:	Nein.
Rotkehlchen:	*(beiseite)* Alles müssen sie verpatzen,
	diese Spatzen!
Meise:	Lass ihn, sei doch nicht so streng.
Rotkehlchen:	*(zum Spatz)* He, kannst du nicht warten?
Meise:	*(gutmütig)* Der Spatz
	ist einer von den geschützten Arten.
Spatz:	*(rückt näher)* He, Meise, du bist ein Schatz.
	(legt seinen Flügel um die Meise)
	Und ich bin dein Spatz!

Elke Müller-Mees

Schnee

Draußen ist alles weiß.
Beuge ich mich weit aus dem Fenster
begrüßt mich der Schnee.
Er setzt mir
lautlos
eine Krone auf.

So gehe ich
ein König
durchs Haus.

Heinz Janisch

Winterwetter

Spritzt der Matsch bis zu den Ohren,
bist du ständig durchgefroren,
ist der Himmel regengrau,
pfeift der Wind stets kalt und rau,
brennt den ganzen Tag die Lampe,
ist der Spielplatz Modderpampe,
dann weiß jedermann Bescheid:
Jetzt ist wieder Winterzeit!

Katharina Berg

Karneval der Tiere

Die Eule geht als Leopard.
Das Maskenkleid ist sehr apart.

Der Uhu kleidet sich als Ziege,
die Schwalbe geht als junge Fliege.

5 Die Katze kräht, sie geht als Hahn.
Der Kater kommt als Lämmlein an.

Das Krokodil macht sich ganz klein.
Es möchte eine Mücke sein.

Der Esel, mit Miau-Geschrei,
10 der ist als Katze mit dabei.

Der Löwe gar als Gämse rennt.
Ich wette, dass ihn niemand kennt.

Der Tiger kleidet sich als Schaf
und tut, als wär er schrecklich brav.

15 Das große, stolze Trampeltier
sieht man als Teddybären hier.

Ich weiß noch nicht, wie ich mich kleide.
Vielleicht geh ich als Kuh in Seide.

Josephine Hirsch

Clown-Schleife basteln

1. Male auf das Tonpapier
   eine große Schleifenform.

2. Schneide die Schleife aus und
   bestreiche sie auf einer Seite
   mit Klebstoff.

3. Verziere die Schleife. Du kannst
   sie bemalen und mit Papier,
   Luftschlangen, Sternen oder
   Perlen bekleben.

4. Wenn alles trocken ist,
   stich rechts und links an
   der Schleife ein Loch hinein und
   ziehe das Gummiband durch!

5. Verknote es und
   ziehe die Schleife an.

> Du brauchst:
> ein Blatt farbiges Tonpapier,
> Schere, Klebstoff, Gummiband,
> Material zum Bekleben:
> Sterne, Perlen, Papierschnipsel

Früher haben sich die Menschen mit Masken verkleidet
und sind mit Trommeln und Pauken durch die Straßen gelaufen.
Sie wollten so die Wintergeister verjagen.
Heute hat niemand mehr Angst vor Geistern,
aber wir feiern immer noch Fasching.

Amselmann

Auf dem Haus, auf dem Dach
macht ein schwarzes Männchen Krach.
Flötet, zwitschert, jubelt, singt,
dass es in den Ohren klingt.
Reißt den Schnabel auf und schreit:
Es ist wieder Frühlingszeit!

Heinz Brand

Der Lenz ist da

Roller aus dem Keller,
Katze aus dem Haus,
Blüten aus den Knospen,
alles kommt heraus.

Kinder aus den Stuben,
Küken aus dem Ei,
Vögel aus dem Süden
sind auch bald dabei.

Alfons Schweiggert

Diese Kätzchen sind keine Tiere

Weich und seidig wie das Fell junger Kätzchen
fühlen sich die Blüten der Salweide an.
Und so werden sie auch Weidenkätzchen genannt.
Die silbergrauen Kätzchen gehören zu den
5 frühesten Blüten des Jahres.
Mit ihren goldgelben Pollen
und einem feinen, süßlichen Duft
locken sie die Bienen an.

Die Salweide ist eine zweihäusige Pflanze.
10 Das bedeutet, es gibt Weiden mit nur männlichen
und Weiden mit nur weiblichen Blüten.
Die Bienen müssen, damit die Bestäubung klappt,
nicht nur von Blüte zu Blüte,
sondern auch von Weide zu Weide fliegen.

15 Weidenkätzchen sollten nicht gepflückt werden,
da sie die erste Nahrung der Bienen im Frühling sind.

Dagmar Binder

Warum sind Löwenzahnblüten gelb?

Warum sind Löwenzahnblüten gelb?
Das weiß jedes Kind.
Weil Löwenzahnblüten
Briefkästen sind.

Wer hat die Briefkästen aufgestellt?
Die grasgrüne Wiese.
Sie steckt in die Briefkästen
all ihre Grüße.

Wem werden die Grüße zugestellt?
Das weiß jedes Kind.
Briefträger sind
Biene und Wind.

Reiner Kunze

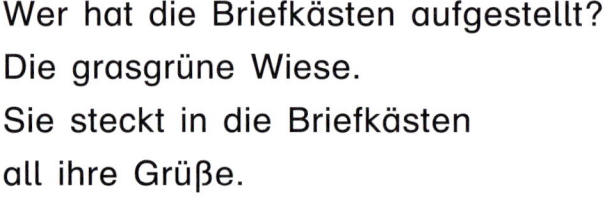

Herzbuch basteln für schöne Gedichte

Du brauchst:
rotes Tonpapier,
Tesafilm oder Tacker

1. Schneide aus rotem Tonpapier
   vier gleichgroße Herzen aus.

Achtung: Die Herzen müssen so groß sein,
dass deine Gedichte Platz darauf haben.

2. Falte alle Herzen in der Mitte.

3. Klebe jeweils in der Mitte
   eine Herzhälfte auf die andere.

Wenn alle Herzhälften übereinander kleben,
hast du ein Herzbuch mit vier Seiten.

Tipp: Du kannst die Seiten auch
mit dem Tacker zusammenheften.

4. Schreibe Gedichte in das Herzbuch.
   Das können auch selbst geschriebene
   Texte sein.

Tipp: Du kannst auch Gutscheine schreiben.

5. Gestalte dein Herzbuch schön,
   indem du es bemalst oder beklebst,
   und verschenke es.

Das schönste Ei der Welt

Es waren einmal drei Hühner, die stritten sich,
wer die Schönste sei. Pünktchen besaß das schönste Kleid.
Latte hatte die schönsten Beine.
Und Feder trug den schönsten Kamm.

5 Weil sie sich nicht einigen konnten,
beschlossen sie, den König um Rat zu fragen.
„Wer das schönste Ei legt, soll gewinnen
und Prinzessin werden", sagte der König.
Er ging hinaus in den Park und alle Hühner
10 seines Königreiches folgten ihm.

Vorsichtig hockte sich Pünktchen
mit ihrem schönen Kleid ins nasse Gras.
Es dauerte nicht lange, da erhob sie sich.
Alle waren sprachlos.
15 Vor ihnen lag ein schneeweißes, makelloses Ei.
„Vollkommener geht es nicht!", rief der König –
und alle, alle nickten.

Als Latte zu gackern begann, bedauerten sie alle.
Ein vollkommeneres Ei konnte man nicht legen.
20 Aber nach zehn Minuten erhob Latte sich erleichtert
und ihr Kamm leuchtete in der Morgensonne.
Der König klatschte vor Freude laut in die Hände:
Vor ihm lag ein Hühnerei, so groß und schwer,
dass selbst ein Vogel Strauß neidisch geworden wäre.
25 „Größer geht es nicht!", rief der König –
und alle, alle nickten.

Während sie noch nickten, hockte sich Feder hin.
Alle bedauerten sie sehr, denn ein vollkommeneres
oder ein größeres Ei konnte sie nicht legen.
30 Feder gackerte kaum. Es war ihre Art:
Bescheiden saß sie da. Dann stand sie auf.
Vor ihnen lag ein viereckiges Hühnerei,
von dem man in hundert Jahren noch erzählen wird.
Die Kanten waren mit dem Lineal gezogen,
35 jede Fläche leuchtete in einer Farbe.
„Fantastischer geht es nicht!", rief der König –
und alle, alle nickten.

Es war unmöglich zu sagen,
welches Ei das schönste war.
40 Auch der König wusste es nicht.
So kam es, dass alle drei Prinzessin wurden:
Pünktchen, Latte und Feder.

Helme Heine

Die Distel

Manuel und Didi gehen spazieren.
Es ist sehr schwül.
„Schau Didi", sagt Manuel,
„was ist das für eine schöne Blume?"

5 Beim Näherkommen sehen die beiden Mäuse,
dass die Blume eine große Distelstaude ist.
Zwei Käfer stehen unter der Distel.
Sie wollen sie umhacken.
„Die Distel ist hässlich und stachlig!", sagen sie.
10 „Sie verschandelt unsere Wiese."

„Lasst sie doch stehen!", sagt Manuel.
„Wir finden sie schön und bestimmt
ist sie auch zu etwas nütze."
Die Käfer wollen sich nicht überreden lassen.
15 Plötzlich donnert es.
Der Himmel ist dunkel geworden.
Ein Gewitter zieht rasch heran.

Unter der Distel bleiben die Mäuse
und die Käfer trocken.
20 „Seht ihr?", sagt Manuel.
Die Käfer legen still ihre Äxte beiseite.

Erwin Moser

Hilfe – Frosch verschluckt!

Gerhard Brinkmann

Wolkenbilder

Eva, Mama und Papa liegen mitten in einer Wiese
und schauen den Wolken zu.

„Ich sehe eine Kuh!", ruft Eva.

„Und ich einen Tretroller", sagt Mama.

5 „Ja, ich sehe ihn auch", sagt Papa.

„Und … und jetzt fährt die Kuh auf dem Tretroller."

Eva lacht. „Aber sie wackelt. Pass auf!"

„Zu spät", sagt Mama. „Jetzt ist sie gestürzt …
und zu einer riesigen Brezel geworden."

10 Papa schließt verträumt die Augen.

„Brezel", murmelt er und schnuppert in die Luft.

„Hm, wie das duftet. Riecht ihr es auch?"

Eva und Mama schnuppern wie zwei Hunde auf Spurensuche.

„Ich rieche … rieche frische Brötchen: nein, Apfelkuchen",

15 sagt Mama und leckt sich die Lippen.

„Und ich hab jetzt Hunger", sagt Eva.

Hätten sie doch bloß ein Picknick mitgenommen.

Manfred Mai

Sommerzeit – Ferienzeit

Sommerzeit – Ferienzeit.
Da weiß doch jeder gleich Bescheid.
Du kannst faul im Bett noch bleiben.
Keiner kann dich hier vertreiben.
5 Spielen, lachen,
Unsinn machen.
Du kannst schlafen, du kannst dösen
oder Bilderbücher lesen.
Jetzt hast du für alles Zeit.

10 Sommerzeit – Ferienzeit.
Da weiß jeder gleich Bescheid.
Du kannst faul im Schatten liegen,
träumen, mit den Wolken fliegen,
hinter Hecken
15 dich verstecken,
du kannst wandern, schwimmen, baden
und durch kleine Bäche waten.
Jetzt hast du für alles Zeit.

Rolf Krenzer

Die Lesebuch-Reise mit Tipps und Tricks

Kari und Bu nehmen dich mit
auf einen Flug durch dein Lesebuch.

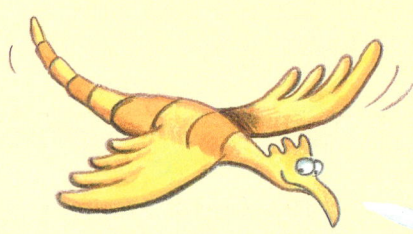

1. Wie finde ich die Kapitel im Buch?

Schlag das Inhaltsverzeichnis auf.
Es ist ganz vorne im Buch.
Dort findest du die Kapitel mit Seitenzahlen.

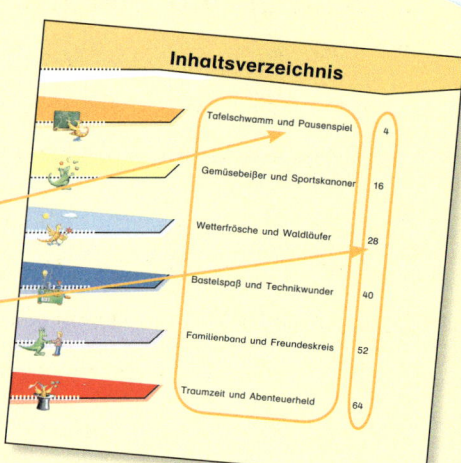

Inhaltsverzeichnis

Tafelschwamm und Pausenspiel — 4
Gemüsebeißer und Sportskanoner — 16
Wetterfrösche und Waldläufer — 28
Bastelspaß und Technikwunder — 40
Familienband und Freundeskreis — 52
Traumzeit und Abenteuerheld — 64

2. Woraus besteht ein Gedicht?

Überschrift { **Der Lenz ist da**

Zeile oder Vers {
Roller aus dem Keller,
Katze aus dem Haus,
Blüten aus den Knospen,
alles kommt heraus.
} *Strophe*

Kinder aus den Stuben,
Küken aus dem Ei,
Vögel aus dem Süden
sind auch bald dabei.
} *Strophe*

Autor { Alfons Schweiggert

3. Wie lerne ich Gedichte auswendig?

1. Lies das Gedicht sehr oft durch.
2. Stell dir das Gedicht in Bildern vor.
3. Lies erst einen Teil
   oder die erste Strophe laut vor.
   Lerne nur diesen Teil auswendig.
4. Decke den Teil, den du gerade lernst,
   mit einem Stück Papier ab.
5. Lerne so das ganze Gedicht
   in kleinen Schritten auswendig.

Roller aus dem Keller,

Katze aus dem Haus,

Blüten aus den Knospen,

alles kommt heraus.

Was dir noch helfen kann,
probier doch mal aus:

– Male Bilder zu den einzelnen Strophen.
– Lerne die Strophen oder Verse
  an verschiedenen Orten (vor dem Pult,
  vor der Tafel, vor dem Regal, …)
– Nimm das Gedicht auf Kassette auf
  und höre es dir immer wieder an.
– Überlege dir passende Musik
  oder Geräusche zu dem Gedicht.

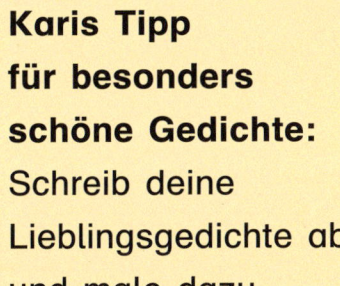

Karis Tipp
für besonders
schöne Gedichte:
Schreib deine
Lieblingsgedichte ab
und male dazu.

Die Lesebuch-Reise mit Tipps und Tricks

4. Was hilft mir beim Lesen?

1. Nimm dein Lineal oder deine Lesekarte.
2. Beginne oben im Text
   und leg deine Lesehilfe unter die erste Zeile.
3. Damit kannst du einen langen Text
   Wort für Wort lesen.
4. Mit deiner Lesekarte kannst du lange Wörter
   auch Silbe für Silbe lesen.
5. Solltest du doch einmal eine Zeile verlieren,
   helfen dir bei langen Texten
   auch die Zahlen am Textrand.

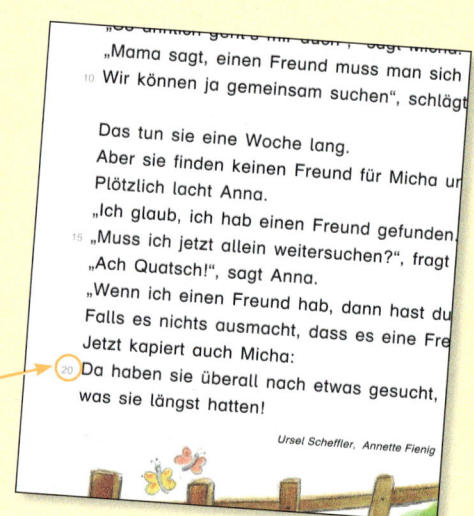

5. Wie kann ich im Lesebuch Texte markieren?

1. Nimm eine Folie
   und leg sie auf den Text.
2. Befestige die Folie am Rand
   mit Büroklammern.
3. Verwende einen wasserlöslichen
   Stift und ein Lineal.

Karis Tipp:
Du kannst zum Beispiel Wörter unterstreichen,
die du nicht verstanden hast.

6. Was hilft, die Texte zu verstehen?

1. Lies zuerst die Überschrift
   und schau dir die Bilder an.
   Überlege, was im Text stehen könnte.
2. Lies dann den ersten Textabschnitt
   einige Male durch.
3. Versuche dir das, was du liest,
   bildlich vorzustellen.
4. Erzählt euch gegenseitig, was ihr verstanden habt.
5. Stellt euch gegenseitig Fragen zum Text:

   – Worum geht es?   – Was wusste ich schon?

   – Was habe ich neu gelernt?   – Wozu habe ich noch Fragen?

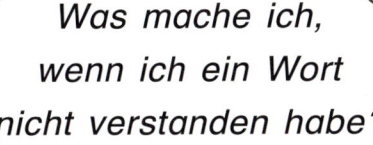

Was mache ich, wenn ich ein Wort nicht verstanden habe?

1. Lies noch einmal die Sätze,
   die vor und nach dem Wort stehen.
2. Frage nach, wenn du es trotzdem
   nicht verstanden hast.
3. Du kannst auch
   im Lexikon nachschlagen.   **Lenz**, der: Frühling

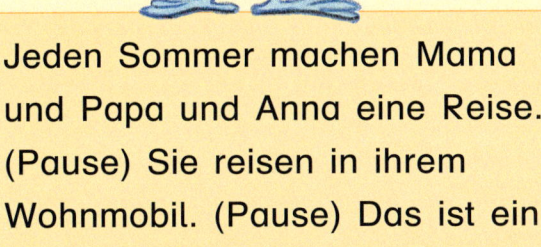

Jeden Sommer machen Mama
und Papa und Anna eine Reise.
(Pause) Sie reisen in ihrem
Wohnmobil. (Pause) Das ist ein
Haus, das fährt. (Pause)

7. Was muss ich beim Vorlesen beachten?

Mach nach jedem Satzende
eine Pause.

Die Lesebuch-Reise mit Tipps und Tricks

8. Wie lesen wir mit verteilten Rollen?

1. Sucht euch eine Person aus,
   die ihr vorlesen möchtet:
   Wachtmeister, Seppel, Kasperl
   oder Großmutter.
2. Bu möchte den Wachtmeister lesen.
   Er stellt sich genau vor,
   was der Wachtmeister tut und sagt.
3. Nun unterstreicht er mit seiner Lesefolie,
   was er sagen muss.
4. Er versucht zu lesen,
   wie der Wachtmeister sprechen würde.
5. Dann übt er den Text mit den Kindern,
   die die anderen Rollen übernommen haben.

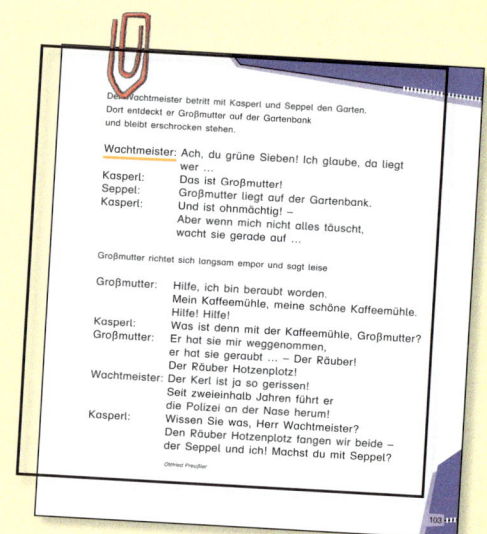

9. Wie gehe ich mit Karteikarten richtig um?

1. Lies genau, was du tun musst.
2. Suche die angegebene Seite im Lesebuch.
3. Schau nach, ob du die Karte alleine
   oder mit einem Partner bearbeiten sollst.
4. Versuche, die gestellten Aufgaben
   zu lösen.
5. Wenn du fertig bist, leg die Karteikarte
   zurück an ihren Platz.

Anhang

Stichwortverzeichnis

Abenteuer:	46–47, 70, 71, 128–129, 134–135
Alte Zeiten:	43, 142
Andere Länder, andere Sprachen:	16–17, 49, 56–57, 72–75, 124, 130–131, 142
Anderssein:	12, 62–63, 119
Angst:	37, 98, 110–111
Arbeit:	58–59
Armut:	58–59, 143
Ausdauer:	140–141
Eifersucht:	15, 158–159
Essen:	16–19, 24, 25, 139
Familie:	52–53, 56–60, 62, 82–83, 106–107, 110–113, 119, 134–135, 144–145
Fantasie:	40, 51, 62, 65, 66–67, 69, 70, 72–75, 96–97, 104–105, 134–135, 162
Feste und Feiern:	56–57, 123, 142, 144, 146–147, 152
Freizeit:	65, 92–93, 100–107, 110–111, 116–117, 120–122, 140–141, 162–163
Freundschaft:	12, 13, 14, 52, 54, 55, 62–63, 140–141
Ichsein:	14, 62–63
Krankheit:	92–93, 106–107
Medien:	88–89, 90, 92–93, 94, 104–105, 112, 113, 114, 116–121
Mut:	82–83, 96, 97
Natur und Umwelt:	34–35, 36, 37, 38–39, 138, 150, 155, 156, 160
Reisen:	38–39, 124–135
Schule:	4–7, 10–11, 15
Spiele:	9, 68, 70, 108, 109, 120–121
Sport:	20, 21, 22–23, 26–27
Streit:	60, 148–149
Technik:	40, 42–43, 44, 45, 46–47, 48, 49, 50–51
Tiere:	34–35, 76–77, 80–87, 152, 154
Wetter:	28–33, 151
Zeit:	100–101, 136–138

Verzeichnis der Textarten und Erzählbilder

ABC-Text:	127
Abzählverse:	8
Anleitung:	9, 109, 153, 157
Anzeige, Ankündigung, Plakat:	52–53, 88, 102, 118, 124
Bericht:	33

Bildergeschichte und Comic:	20, 92–93, 112, 161
Biografie:	89, 94
Brief, E-Mail:	122, 125
Dialogtext:	42–43
Erzählbild:	4–5, 64, 91
Erzähltext:	11, 13, 15, 22–23, 34–35, 38–39, 46–47, 50–51, 58–59, 62–63, 66–67, 80, 82–83, 106–107, 116–117, 119, 120–121, 122, 130–131, 140–141, 143, 144–145, 146–147, 160, 162
Erzähltext zum Weiterschreiben:	61, 96–97, 128–129
Gedicht/Lied:	10, 12, 14, 21, 29, 31, 37, 40, 51, 54, 55, 60, 65, 70, 81, 85, 98, 100–101, 108, 113, 132, 133, 139, 141, 144, 150, 151, 154, 156, 162
Kinderäußerungen:	16–17, 136–137
Märchen:	72–75, 158–159
Nicht kontinuierliche Texte:	6–7, 33, 118, 124
Rätseltext:	30, 138
Regeln und Vorschriften:	6, 7
Reime:	32, 76–77
Sachtext:	24, 36, 43, 44, 45, 48, 49, 56–57, 70, 84, 90, 118, 142, 153, 155
Spielstück:	103, 148–149
Sprachspiel:	18, 19, 78, 79, 95, 99, 115
Rezept:	25
Tagebuch:	86–87
Visuelle Poesie:	23, 28, 114
Zungenbrecher:	78

Empfehlungen für die Ganzschriftlektüre

In Klasse 1 und 2:
„Ida und die Tiere" von Carli Biessels (S. 34–35)
„Eddies zweite Lügengeschichte" von Zoran Drvenkar (S. 61)
„Das kleine Känguru auf Abenteuer" von Paul Maar (S. 128–129)

In Klasse 2:
„Die Nacht der sieben Wünsche" von Marjaleena Lembcke (S. 59)
„King-Kong, das Geheimschwein" von Kirsten Boie (S. 82–83)
„Der wasserdichte Willibald" von Rudolf Herfurtner (S. 110–111)
„Vinni in Venedig" von Petter Lidbeck (S. 130-131)
„Die tollkühnen Abenteuer von JanBenMax" von Zoran Drvenkar (S. 134–135)

Quellennachweis

Berner, Rotraut Susanne: *Petra*. Wimmlinger Geschichten, Gerstenberg Verlag, Hildesheim 2009.

Biessels, Carli: *Ein orangenes Tier* aus: Ida und die Tiere, Boje Verlag, Köln 2007.

Binder, Dagmar/Riha, Susanne: *Diese Kätzchen sind keine Tiere* aus: Wenn es Frühling wird, Patmos Verlag, Düsseldorf 2001.

Bintig, Ilse: *Ein neuer Sender* aus: Zi-Za-Zauberhut. Lisa zaubert richtig gut! Vier Geschichten zum allerersten Selberlesen, Arena Verlag, Würzburg 1996.

Boie, Kirsten: *King-Kong, das Geheimschwein* (Textauszug), Verlag Friedrich Oetinger, Hamburg 1996.

Bolliger, Max: *Hereinspaziert* aus: Die Stadt der Kinder. Gedichte für Kinder in 13 Bezirken, hrsg. von Hans-Joachim Gelberg und Janosch, Beltz Verlag, Weinheim/Basel 1999.

Brand, Heinz: *Amselmann* aus: Ach du liebe Zeit. Ein Bummel durch Tages- und Jahreszeit hrsg. von Heinz Brand, Lappan Verlag, Oldenburg 2007.

Brosche, Heidemarie: *Halbfinale* aus: Computergeschichten, Loewe Verlag, Bindlach 2002. *Unfall mit Folgen* ebd.

Busta, Christine: *Zappelzeh und Zwidermann* aus: Die Zauberin Frau Zappelzeh. Gereimtes und Ungereimtes für Kinder und ihre Freunde, Otto Müller Verlag, Salzburg 1991.

Bydlinski, Georg: *Wann Freunde wichtig sind* aus: Der Mond heißt heute Michel, Kindergedichte, Verlag Herder, Wien/Freiburg 1981.

Carle, Eric: *Ich bin bekannt als Wüstenschiff* aus: Eric Carles Tier-ABC, Gerstenberg Verlag, Hildesheim 1999.

Cave, Kathryn: *Irgendwie Anders* (gek.), aus dem Englischen von Salah Naoura, Verlag Friedrich Oetinger, Hamburg 1994.

Drvenkar, Zoran: *Eddies zweite Lügengeschichte*, Verlag Friedrich Oetinger, Hamburg 2002, S. 5-8. *Die tollkühnen Abenteuer von JanBenMax* (Auszug, gek.) Bloomsbury, Berlin 2008.

Färber, Werner: *Wozu denn einen Helm?* Aus: Fahrradgeschichten, Loewe Verlag, Bindlach 1999.

Fontane, Theodor: *Seifenblasen* aus: Gedichte für Kinder, ausgewählt von Günter Stolzenberger, Insel Verlag, Frankfurt 2004, S. 32.

French, Jackie: *Tagebuch eines Wombat* (gek.) aus dem Englischen von Leena Flegler, Gerstenberg Verlag, Hildesheim 2005.

Frey-Moret, Brigitte: *Bärenweihnacht* (bearb.), © NordSüd Verlag, Zürich 1998.

Gernhardt, Robert: *Wie kann man übers Wasser laufen?* Aus: Die Wundertüte, Alte und neue Gedichte für Kinder hrsg. von Heinz-Jürgen Kliewer, Philipp Reclam jun., Stuttgart 1989.

Goethe, Johann Wolfgang von: *Meeresstille* aus: Meeresstille und glückliche Fahrt, Hanser Verlag, München 2004. *Glückliche Fahrt* ebd.

Günther, Sybille: *Schlangenbeschwörer* aus: Hereinspaziert Manege frei! Ökotopia Verlag, Münster 2004, S. 81.

Guggenmos, Josef: *Das Waldhaus* aus: Ich will dir was verraten, Beltz Verlag, Weinheim, Basel 1992.

Hagemann, Bernd: *Emil und der neue Tacho* (Auszug), Duden, Mannheim 2006.

Hauff, Wilhelm: *Kalif Storch* nacherzählt von Katharina Berg.

Heine, Helme: *Das schönste Ei der Welt* (Auszug), Sauerländer Verlag, Düsseldorf 2005.

Herfurtner, Rudolf: *Der wasserdichte Willibald* (Auszug, gek.), Deutscher Taschenbuch Verlag, München 2002.

Hirsch, Josephine: *Karneval der Tiere* aus: Kinderzeit im Festtagskleid, Gedichte für besondere Anlässe hrsg. von Ilse Walter, Herder Verlag, Wien 1993.

Hoffmann, Klaus-W.: *Luftballon* aus: Luftballonlied aus: Wenn der Elefant in die Disko geht. Ravensburger Buchverlag Otto Maier GmbH, Ravensburg 1983.

Hoffmann von Fallersleben, August Heinrich: *Der Weg zur Schule*

Huber, Klaus: *Der Fernsehschlaf* aus: Karin Jäckels Fernseh-Geschichten hrsg. von Karin Jäckel, Georg Bitter Verlag, Recklinghausen 1995.

Janisch, Heinz: *Schmetterlinge* © beim Autor
Schnee © beim Autor

Johansson, George: *Willi Werkels Flugzeug* aus: Willi Werkels Flugzeug-Buch, aus dem Schwedischen von Dagmar Brunow, Terzio, Möllers & Bellinghausen Verlag GmbH, München 2004.

Kern, Ludwig Jerzy: *Der Ball* © Ludwig Jerzy Kern

Krenzer, Rolf: *Sommerzeit – Ferienzeit* aus: Lieber Frühling, lieber Sommer hrsg. von Rolf Krenzer, Menschenkinder Verlag, Münster 1993.

Kinderduden, der: *Guten Appetit!* Aus: Der Kinderduden, Das Sachwörterbuch für die Grundschule, hrsg. von Ulrike Holzwarth-Raeter, Dorothee Pfirrmann, Sabine Rahn, Stefanie Scharnberg, Barbara Scholz, Bibliographisches Institut & F. A. Brockhaus AG, Mannheim 2002, S. 41.

Kunze, Reiner: *Warum sind Löwenzahnblüten gelb?* Aus: Wenn es Frühling wird, hrsg. von Dagmar Binder/Susanne Riha, Patmos Verlag, Düsseldorf 2001.

Lembcke, Marjaleena: *Kolja* (Auszug, gek.) aus: Die Nacht der sieben Wünsche, Deutscher Taschenbuch Verlag, München 2006.

Lidbeck, Petter: *Vinni in Venedig* (Auszug, gek.), übersetzt von Kathrin Hägele, Fischer Verlag, Frankfurt 2007.

Lobe, Mira: *Der verdrehte Schmetterling* aus: Der Esel zog Pantoffeln an hrsg. von R. Wildermuth, Verlag Heinrich Ellermann, Hamburg 1975.

Lobel, Arnold: *Der Drachen* aus: Das große Buch von Frosch und Kröte hrsg. von Tilde Michels, Deutscher Taschenbuch Verlag, München 2008.

Maar, Paul: *Aus der Wolke* aus: Kreuz und Rüben, Kraut und quer. Das große Paul Maar-Buch, Verlag Friedrich Oetinger, Hamburg 2004, S. 14.
Krokodil ebd. S. 161
Gehört der zu mir? ebd. S. 161
Selbst bei Nacht, ebd. S. 69
Zwei alte Feuersalamander aus: Paul Maar, Dann wird es wohl das Nashorn sein, Beltz Verlag, Weinheim/Basel 1988
In einem großen Schneckenhaus ebd.
Horst Hoffmanns Hunde ebd.
Mit Knöpfen kann man knöpfen ebd.
Zitat 1 und Zitat 2 von S. 94: Originalbeitrag für www.antolin.de
Zitat 3 von S. 94: aus: Ich über mich, aus: Mobile 2 Lesebuch Baden-Württemberg, Westermann Verlag, Braunschweig 2004, S. 123.
Mitten in der Nacht, aus: Hans-Joachim Gelberg (Hrsg.), Großer Ozean, Beltz Verlag, Weinheim/Basel 2000.
Das kleine Känguru auf Abenteuer (Auszug), Verlag Friedrich Oetinger, Hamburg 1999.
Drei miese fiese Kerle (Auszug), Verlag Friedrich Oetinger, Hamburg 2008.

Mai, Manfred: *Dein Schulweg* aus: Tausend Wünsche, © Manfred Mai.
Wolkenbilder aus: 1,2,3 Minutengeschichten, Ravensburger Buchverlag, Ravensburg 2003.

Meerschweinchen aus: Bertelsmann Kinder Tierlexikon hrsg. von Hans Thiel, Bertelsmann Verlag, Gütersloh 2002.

Meyerholz, Ulrike und Bernd: *Regenkanon*, aus: Wolfgang Hering und Bernd Meyerholz: Kinderlieder zum Einsteigen und Abfahren, Band 2, Voggenreiter Verlag, Bonn 1996.

Michaelis, Antonia: *Der Nikolaus ist für alle da* aus: Lesetiger Nikolausgeschichten, Loewe Verlag, Bindlach 2007.

Moon, Pat: *Mein Freund Max* (gek.) aus: Unsere Erde. Wunderbar – Verwundbar. Alle Rechte an der deutschen Übersetzung von Wolf Harranth beim C. Bertelsmann Jugendbuchverlag, München 1991.

Moser, Erwin: *Die Distel* aus: Der blaue Turban, Beltz Verlag, Weinheim/Basel 1992.

Mucke, Dieter: *Unerhörte Begebenheit* aus: Was flüstert der Wind mit dem Baum, Verlag Janos Stekovics, Halle an der Saale 2001, S. 77.

Müller-Mees, Elke: *Der Spatz am Vogelhaus* aus: Kindertheater in der Weihnachtszeit, Urania, Freiburg 2003.

Muth/Veldhaus: *Die Zeit vergeht* aus: Klang Reim Rhythmus/Gedichte für die Grundschule, Hirschgraben-Verlag, Frankfurt 1972.

Nöstlinger, Christine: *Worüber der Franz unzufrieden ist* (gek.) aus: Fernsehgeschichten vom Franz, Verlag Friedrich Oetinger, Hamburg 1994.

Obrecht, Bettina: *Anna fährt ans Meer* (Auszug, gek.), Verlag Friedrich Oetinger, Hamburg 2007.

Preußler, Otfried: *Der Räuber Hotzenplotz* (Auszug) aus: Kindertheaterstücke, Verlag Friedrich Oetinger 1985, S. 14.

Quinkenstein, Lothar: *Pilze suchen* aus: Hofkonzert. Gedichte für Kinder, Selbstverlag, Poznan 2005.

Reider, Katja: *Pechtag* aus: Schulklassengeschichten, Loewe Verlag, Bindlach 2001.

Rettich, Margret: *Die vergessliche kleine Hexe* (Auszug), Gondrom Verlag, Bindlach 2005.

Richter, Jutta: *Für Simone* aus: Der Sommer schmeckt wie Himbeereis, Bertelsmann Verlag, München 1990.

Ringelnatz, Joachim: *Bumerang* aus: Das Gesamtwerk in 7 Bänden, Diogenes, Zürich 1994.

Scheffler, Ursel: *Freund gesucht* aus: Laras Wundertüte und andere ABC-Geschichten, Schneider Verlag, München 2000.
Einsatz für Detektivin Paula (gek.), Verlag Friedrich Oetinger, Hamburg 2007.

Schober, Michael: *Der kleine Muskelkater* aus: Der kleine Muskelkater und seine Freunde, Egmont Boje Verlag, München 2002.

Schreiber-Wicke, Edith: *Das Huhn legt öfter mal ein Ei* aus: Mit Ottern stottern, mit Drachen lachen: Verse zum Weiterreimen von A bis Z, Thienemann Verlag, Stuttgart/Wien 2006.

Schwarz, Regina: *Ein F ist allein* aus: Was für ein Glück hrsg. von Hans Joachim Gelberg, Beltz, Weinheim/Basel 1993.

Schweiggert, Alfons: *Der Lenz ist da* aus: Vorlesegeschichten zu Frühling und Ostern hrsg. von Carola Hoffmann, Pattloch Verlag in der Verlagsgruppe Droemer Knaur, München 2005.

Steck, Andrea: *Tante Mia und der Hund* aus: Deutsch differenziert. Fachzeitschrift für die Grundschule 1/2006, S. 20.

Steinwart, Anne: *Kalle* (gek.) aus: Der Torwart ist ein Mädchen, Arena Verlag, Würzburg 1993, © Carlsen Verlag, Hamburg 1988.

Stevenson, Robert Louis: *Piratengeschichte* aus: Mein Bett ist ein Boot, Lappan Verlag, Oldenburg 2002.

Ullmann, Günter: *Herbstwind* aus: Überall und neben dir hrsg. von Hans-Joachim Gelberg, Beltz Verlag, Weinheim/Basel 1989.

Zaubertrick mit Zuckerstücken aus: Das große Zauber ABC. Die besten Zaubertricks von A – Z hrsg. von Valérie Monnet, Fleurus Verlag GmbH, Köln 2002.

Zeuch, Christa: *Von einem, der Ruhe will, aber selber Krach macht* aus: Lisa, Lolle, Lachmusik, Arena Verlag, Würzburg 1987.
Weil Papa schimpft aus: Menschenskinder – Neue Gedichte über Kinder und Kindheit hrsg. von Hans-Martin Große-Oetringhaus, terre des hommes, Osnabrück 2004, S. 230.

Originalbeiträge

Katharina Berg: *Karis Regeln auf dem Schulhof; Stundenplan; Banane Banone Kanone; Früchte-Teller; Zaziki; Rate mal!; Regenschauer; Telefongespräch; Beyda erzählt vom Zuckerfest; Piraten; Zwei nette Mäuse; Sonderbare Tierwelt; Kleine Hundekunde; Meerschweinchenversteck; Wo ist der Computer?; Was kommt heute im Fernsehen?; Geburtstagspost; Was ist das für eine Zeit?; Aus dem Leben des Bischofs Nikolaus; Winterwetter*

Gerburg Kirsch: *Fingerabdrücke; Eine leckere Erfindung; Hallo Mama, Venedig ist toll; Reiseabenteuer-ABC*

Claudia Stiebritz: *Eine Baumscheibe erzählt; Lesebrett; Rotraut Susanne Berner*

Monika Wilhelmi-Zäh: *Erntedank; Sankt Martin; Clown-Schleife basteln; Herzbuch basteln*

Originalbeiträge

Unbekannte Verfasser/innen

Abzählverse
Bauernregeln
Kaiser, wie viele Schritte schenkst du mir?
Zungenbrecher

Bildnachweis

Iakg-images GmbH, Berlin: Marc Chagall: Zirkus mit Jongleuren (1971) 64. Ialamy images, Abingdon/Oxfordshire: tbkmedia.de 81. IBeltz & Gelberg in der Verlagsgruppe Beltz, Weinheim: Erwin Moser, Manuel & Didi. Das große Buch der kleinen Mäuseabenteuer © 2002 Weinheim & Basel 160, 160, 160, 160; Helme Heine, Das schönste Ei der Welt © 1983, 2004 Weinheim/Basel 158, 158, 158, 158, 159, 159, 159. IBridgeman Images, Berlin: 150, 151. IBrinkmann, Gerhard, Düsseldorf: 161. IBulls Pressedienst GmbH, Frankfurt am Main: © Andrews McMeel Syndicate/Distr. Bulls. 20, 20, 20, 20, 20, 20, 20. IDorling Kindersley Verlag GmbH, München: John Farndon: Naturführer für Kinder. Wetter. 32. IGerstenberg Verlag GmbH & Co. KG, Hildesheim: Jackie French & Bruce Whatley: Tagebuch eines Wombat, © 2005 86, 86, 86, 86, 87, 87, 87, 87; Rotraut Susanne Berner: Nacht-Wimmelbuch, © 2008 90, 91; Rotraut Susanne Berner: Petra, © 2009 90, 92, 92, 92, 92, 92, 92, 93, 93, 93, 93, 93, 93. IHeimrich, Heike, Berlin: 118. IiStockphoto.com, Calgary: _jure 81; Birute 84; EVAfotografie 84; Global_Pics 84; sborisov 125; sssss1gmel 81. IMaria Dorner Fotografie, München: 90, 90. IMarije Tolman atelier, BB Den Haag: Carli Biessels: Ida und die Tiere 35. IMicrosoft Deutschland GmbH, München: 123. INatur & Kultur, Stockholm: Mulle Meck berättar om flygplan ©George Johansson (text), Jens Ahlbom (illustrations), 2002 50, 50, 50, 51. IPicture-Alliance GmbH, Frankfurt/M.: dpa/Führer, Marcus 94. IRSBerner: Selbstportrait 89. ISchössow, Peter, Hamburg: Johann Wolfgang von Goethe, Peter Schössow: Meeres Stille und Glückliche Fahrt. Erschienen 2004 im Carl Hanser Verlag 132, 132, 132, 132, 133, 133, 133, 133. ISchwager & Steinlein Verlag GmbH, Köln: Kinderatlas Wetter 32. IShutterstock.com, New York: Mountains Hunter 81. IVerlag Friedrich Oetinger GmbH, Hamburg: Kathryn Cave: Irgendwie anders. Mit Illustrationen von Chris Riddell, 1994 62, 62, 62, 63, 63; Kirsten Boie: King-Kong, das Geheimschwein 83; Paul Maar: Das kleine Känguru auf Abenteuer 94; Paul Maar: Der tätowierte Hund 94; Paul Maar: Drei fiese miese Kerle. Illustriert von Susann Opel-Götz, 2008 94, 96, 97; Paul Maar: Kreuz und Rüben, Kraut und quer. Illustriert von Verena Ballhaus, 2004 95, 99, 99. I© dtv Verlagsgesellschaft mbH & Co. KG, München: Arnold Lobel: Das große Buch von Frosch und Kröte 140, 140, 141; Marjaleena Lembcke: Die Nacht der sieben Wünsche, Umschlagillustration von Iris Hardt 59.

Wir arbeiten sehr sorgfältig daran, für alle verwendeten Abbildungen die Rechteinhaberinnen und Rechteinhaber zu ermitteln. Sollte uns dies im Einzelfall nicht vollständig gelungen sein, werden berechtigte Ansprüche selbstverständlich im Rahmen der üblichen Vereinbarungen abgegolten.

Inhaltsverzeichnis

Tafelschwamm und Pausenspiel

Karis Regeln in der Klasse 6
Karis Stundenplan 6
Karis Regeln auf dem Schulhof 7
Abzählverse 8
Kaiser, wie viele Schritte schenkst du mir? 9
Der Weg zur Schule 10
Dein Schulweg 10
Von einem, der Ruhe will, aber selber Krach macht 11
Mein Freund Max 12
Freund gesucht 13
Für Simone 14
Pechtag 15

Gemüsebeißer und Sportskanonen

Banane Banone 18
Früchte-Teller 19
Garfield und der Bumerang 20
Der kleine Muskelkater 21
Bumerang 21
Kalle 22
Der Ball 23
Guten Appetit 24
Zaziki 25
Wozu denn einen Helm? 26

Wetterfrösche und Waldläufer

Regenkanon 29

Schmetterlinge 29

Rate mal! 30

Regenschauer 31

Bauernregeln 32

Vorhersage 33

Ein orangenes Tier 34

Eine Baumscheibe erzählt 36

Das Waldhaus 37

Anna fährt ans Meer 38

Bastelspaß und Technikwunder

Wie kann man übers Wasser laufen? 41

Telefongespräch 42

So war es früher 43

Fingerabdrücke 44

Fingerabdrücke abnehmen und sichern 45

Einsatz für Detektivin Paula 46

Eine leckere Erfindung 48

Wusstest du schon? 49

Kaugummi in anderen Sprachen 49

Willy Werkels Flugzeug 50

Unerhörte Begebenheit 51

Familienband und Freundeskreis

Ein F ist allein   54
Wann Freunde wichtig sind   55
Beyda erzählt vom Zuckerfest   56
Kolja   58
Weil Papa schimpft   60
Eddies zweite Lügengeschichte   61
Irgendwie Anders   62

Traumzeit und Abenteuerheld

Hereinspaziert   65
Die vergessliche kleine Hexe   66
Zaubertrick mit Zuckerstücken   68
Zappelzeh und Zwidermann   69
Piratengeschichte   70
Piraten   71
Kalif Storch   72

Wüstenschiff und Wollmilchsau

Das Huhn legt öfter mal ein …   76
Ich bin bekannt als Wüstenschiff   77
Zwei alte Feuersalamander   77
In einem großen Schneckenhaus   77
Allerlei Getier   78
Wie wird aus einem Hund eine Maus?   78
Zwei nette Mäuse   79
Sonderbare Tierwelt   79
Tante Mia und der Hund   80
Kleine Hundekunde   81
King-Kong, das Geheimschwein   82
Meerschweinchen   84
Meerschweinchenversteck   85
Tagebuch eines Wombat   86

Lesemops und Bücherwurm

Lesebrett   88
Infos aus der Stadtbibliothek   89
Rotraut Susanne Berner   90
Lesenacht in Wimmlingen   91
Petra   92
Paul Maar   94
Horst Hofmanns Hunde (Eine H-Geschichte)   95
Mit Knöpfen kann man knöpfen …   95
Drei miese, fiese Kerle   96
Mitten in der Nacht   98
Selbst bei Nacht …   99
U und N   99

Freizeitspaß und Zeitvertreib

Die Zeit vergeht 100
Der Räuber Hotzenplotz 102
Ein neuer Sender 104
Emil und der neue Tacho 106
Seifenblasen 108
Luftballon 108
Schlangenbeschwörer 109
Der wasserdichte Willibald 110

Computermäuse und Funkhühner

Der Fernsehschlaf 113
Wo ist der Computer? 114
Der verdrehte Schmetterling 115
Halbfinale 116
Was kommt heute im Fernsehen? 118
Worüber der Franz unzufrieden ist 119
Unfall mit Folgen 120
Geburtstagspost 122
Hallo! Dear friends! 123

Weltenbummler und Reiseabenteurer

Reise reisen Reiseplan	126
Welt Welten Weltenbummel	126
Reiseabenteuer-ABC	127
Das kleine Känguru auf Abenteuer	128
Vinni in Venedig	130
Meeresstille	132
Glückliche Fahrt	133
Die tollkühnen Abenteuer von JanBenMax	134

Schneemänner und Sandburgen

Was ist das für eine Zeit?	138
Pilze suchen	139
Der Drachen	140
Herbstwind	141
Erntedank	142
Aus dem Leben des Bischofs Nikolaus	144
Der Nikolaus ist für alle da	144
Bärenweihnacht	146
Der Spatz am Vogelhaus	148
Schnee	150
Winterwetter	151
Karneval der Tiere	152
Clown-Schleife basteln	153
Amselmann	154
Der Lenz ist da	154
Diese Kätzchen sind keine Tiere	155
Warum sind Löwenzahnblüten gelb?	156
Herzbuch basteln für schöne Gedichte	157

Das schönste Ei der Welt 158

Die Distel 160

Hilfe – Frosch verschluckt! 161

Wolkenbilder 162

Sommerzeit – Ferienzeit 163

Lesebuchreise mit Tipps und Tricks 164

Anhang

Stichwortverzeichnis 170

Verzeichnis der Textarten und Erzählbilder 170

Empfehlungen für die Ganzschriftlektüre 172

Quellennachweis 175

Bildnachweis 175

Inhaltsverzeichnis 177

Karibu Lesebuch 1/2

erarbeitet von
Katharina Berg, Astrid Eichmeyer, Gerburg Kirsch, Claudia Stiebritz,
Monika Wilhelmi-Zäh

illustriert von
Rebecca Abe, Svenja Doering, Falko Honnen, Kordula Röckenhaus,
Anke Schäfer (achdiezwei), Susanne Schulte, Henrike Wilson

westermann GRUPPE

© 2009 Bildungshaus Schulbuchverlage
Westermann Schroedel Diesterweg Schöningh Winklers GmbH,
Georg-Westermann-Allee 66, 38104 Braunschweig
www.westermann.de

Druck A⁸ / Jahr 2022
Alle Drucke der Serie A sind im Unterricht parallel verwendbar.

Redaktion: Corinna Hilger
Typografie, Layout und Umschlaggestaltung: Nijole Küstner, Ulrike Vetter
Herstellung: Nicole Hotopp
Satz und technische Umsetzung: Druck- und Medienhaus Sigert GmbH, Braunschweig
Druck und Bindung: Westermann Druck GmbH,
Georg-Westermann-Allee 66, 38104 Braunschweig

ISBN 978-3-14-**120911**-2